倍增管理1+1+1模式

让你的业绩快速增长3倍以上

孙荣高◎著

SPM
南方出版传媒
广东经济出版社
·广州·

图书在版编目（CIP）数据

倍增管理1+1+1模式：让你的业绩快速增长3倍以上 / 孙荣高著. —广州：广东经济出版社，2020.11
ISBN 978-7-5454-7301-8

Ⅰ. ①倍…　Ⅱ. ①孙…　Ⅲ. ①企业管理—人才管理—通俗读物　Ⅳ. ①F272.92-49

中国版本图书馆CIP数据核字（2020）第129845号

责任编辑：韩文君　谢慧文　何绮婷
责任技编：陆俊帆
装帧设计：友间文化

倍增管理1+1+1模式——让你的业绩快速增长3倍以上
BEIZENG GUANLI 1+1+1 MOSHI ——RANGNIDE YEJI KUAISU ZENGZHANG 3 BEI YISHANG

出版人	李　鹏
出　版 发　行	广东经济出版社（广州市环市东路水荫路11号11～12楼）
经　销	全国新华书店
印　刷	广东新华印刷有限公司南海分公司 （广东省佛山市南海区盐步河东中心路23号）
开　本	730毫米×1020毫米　1/16
印　张	15
字　数	250 千字
版　次	2020年11月第1版
印　次	2020年11月第1次
书　号	ISBN 978-7-5454-7301-8
定　价	38.00元

图书营销中心地址：广州市环市东路水荫路11号11楼
电话：（020）87393830　邮政编码：510075
如发现印装质量问题，影响阅读，请与本社联系
广东经济出版社常年法律顾问：胡志海律师

前　言

随着时代的变化、社会的发展，人们的思维方式发生了翻天覆地的变化，传统的企业管理模式遭遇巨大的挑战，企业普遍面临**招人难、留人难、管人难**，员工执行力差、工作效率低、服务意识差等一系列管理问题。

任何一家企业都是由人（团队）、事（流程、事件、服务）、钱（利润）组成的，这个世界上所有的成功者，如企业家、领袖都与这三个字有关，见图1。

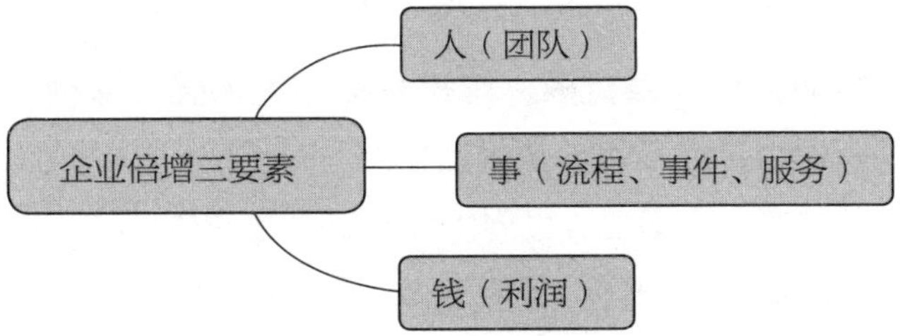

图1　企业倍增三要素

企业中到底是人重要、事重要，还是钱也就是利润重要？每个人说法不一，不同的阶段重点不一样，绝大多数人都认为利润重要，做企业就是要利润。利润从何而来？是用产品和服务换取的，产品和服务需要人（团队）来创造，所以做企业最重要的不是利润，而是人，只要有了人（有能力的人），企业还怕没有利润吗？

一家企业有了一流的人才，才能把事情做好；把事情做好了，企业才能赚到更多钱，吸引到更加优秀的人才。这是一个循环。同样，如果企业没有人才，就不能把事情做好；企业赚不到钱，就无法做大做强。

所以，人是企业做大做强的关键，而有关人的最大难题就是管理，管理做好了，一切问题就迎刃而解。

反之亦然，如果公司管理得不好，就无法吸引到优秀的人才，公司没有人才就很难把事情做好，事情做不好就意味着赚不到钱，赚不到钱就吸引不到更优秀的人才，这又是一个循环。

所以说做企业最重要的是人。请问各位老板，你平时是做与事有关的工作比较多，还是做与人有关的工作比较多？

我们服务的一家做模具的企业，员工50人左右，老板是做技术出身的。我去企业走访时，看见老板穿着工衣正在干活，他看到我来，热情地想要和我握手，无奈双手都是油渍，握手很不方便。我说："张总，这些事你可以让员工做，你去做你应该做的事。"你猜这位老板怎么回答？

他说："这些事他们搞不定，只有我能搞定！"我明显感觉到他说这话时有几分得意。

由于人的时间、精力有限，想把企业做大做强，即使老板能力再强，不重视管理也是绝不可能做好的。

大家都听过二八定律吧，世界上80%的财富是由20%的人创造的。

其实我们做事也是一样，老板只做20%的事情，剩下80%的事情交给员工去做。那20%是什么事情呢？就是要有**用人的能力，让天下有能力者为我所用。**

古今中外，几乎所有的领袖都具备用人的能力。

楚汉之争中，刘邦笑到最后，并非他的文韬武略有多厉害，而是他会用人，他的领导能力比项羽强。刘邦打败项羽后大摆酒席，他问大臣们是否知道，为什么他可以成功，项羽却失败了。

他是这样解释的："夫运筹帷幄之中，决胜于千里之外，吾不如子房。镇国家，抚百姓，给馈饷，不绝粮道，吾不如萧何。连百万之军，战必胜，攻必取，吾不如韩信。此三者，皆人杰也，吾能用之，此吾所以取天下也。"（出自《史记·高祖本纪》）

"汉初三杰"张良、萧何和韩信，一个是谋士，一个管后勤，一个是将帅。刘邦认为自己本事并不大，但能驾驭这三位人杰为自己所用，把不同的人才放在各自适合的岗位，所以能取天下。

诸葛亮那么聪明，蜀国却最先灭亡，究竟为什么？

刘备和诸葛亮相比，明显是诸葛亮的个人能力更强，但是为什么在刘备逝世之后，蜀国却日渐衰落？

因为诸葛亮虽然拥有高智商，个人能力强，但是他在用人方面却远不及刘备。

会识人、用人的领导，比如阿里巴巴的马云、腾讯的马化腾、小米的雷军、华为的任正非、在日本创立了两家世界500强企业的稻盛和夫等，他们都拥有用人的能力。

学会用人不只能成就物质上的梦想，还能成就精神上的梦想。请记下这句话：**"管理是通向梦想的重要捷径。"**

因为职业的关系我们服务了很多企业，我发现很多企业有专利、有产品、有技术，但很难做大做强。原因很简单，它们不能把这一切转换成钱（利润）。而这个转化需要谁来做？需要团队。团队需要管理，管理需要机制。

人不吃饭会饿死，人不喝水会渴死，企业建立不起有战斗力的团队，靠个人英雄主义会垮。我相信各位企业家都有梦想，梦想是需要靠团队来完成的，团队需要激励，团队管理很重要。

管理是需要站在员工的角度去想，员工需要什么。

员工去企业上班的目的是什么？是不是为了**赚钱**？

员工去企业上班是为了赚钱，过更好的生活。所以对老板来说，最重要的是学会分配**责、权、利**，学会分钱。下属离职——分配问题；执行力低——分配问题；内部管理混乱——分配问题。所有的一切归结起来只有一个问题——分配问题。

把分配的问题解决了，你会发现，所有问题都会迎刃而解。合作的本质就是“分”，只有分得清楚，才能合得愉快。很多时候企业做不大，是它们设置的分配机制不合理，而不是老板不愿意分。

本书助力企业解决管理难题，其中，第一个“1”代表员工的底薪，是员工的基本生活保障；第二个“1”代表奖金，指员工超额完成的部分；第三个“1”代表员工为公司创造的价值，即盈利分红。见图2。

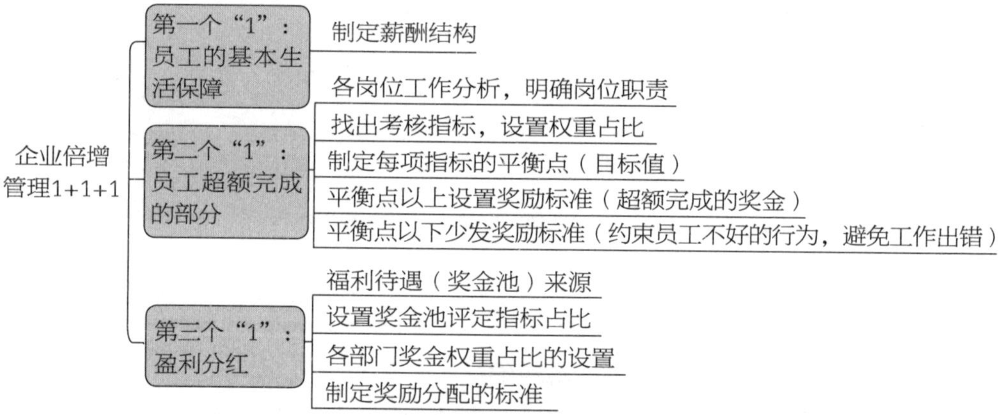

图2 倍增管理三个“1”

什么是倍增管理？倍增是指利润倍增，而管理只是一种方法，很多企业的营业额做得很高，一年几十亿元甚至是上百亿元，结果老板的日子却不好过，压力大；而有些企业老板一年赚几十万元或上百万元，他们的日子却过得很滋润。

究其原因，就是成本开销过大、内部管理混乱、技术研发能力不强，没有核心竞争力，见图3。一家企业真正的核心竞争力，是人才。但是光有人才还不行，还要有用好人才的能力。通过本书介绍的管理方法，让企业的利润实现倍增，就是我写这本书的初衷。

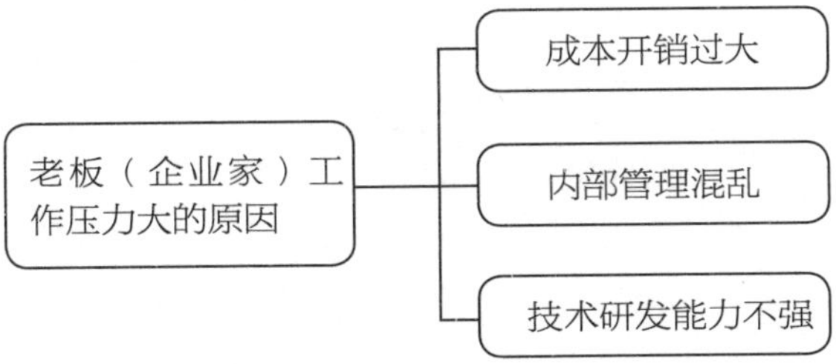

图3　老板（企业家）工作压力大的原因

经过多年的研究，我发现管理方法实际上只有两种，一种是过去的管理方法，我把它称作传统的管理方法；一种是现代的管理方法，我把它称作倍增管理。

为什么要学习倍增管理？不是传统的管理方法不好，而是传统的管理方法跟不上时代，所以我想通过这本书把我多年的管理经验分享给大家。

本书总结了我多年的管理经验和方法，从企业最棘手的问题出发，给出最有效的管理思路和落地案例，助推企业实现利润（见图4）。

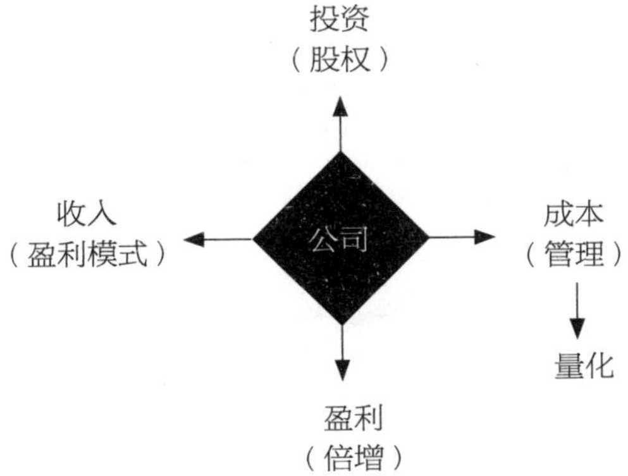

图4　收入、投资、盈利、成本的关系

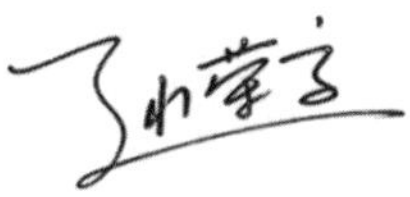

目　录

03 第三个“1” 揭示企业倍增的秘密 / 27

04 如何扫除企业倍增遇到的一切障碍 / 59

01

第一个“1” 其中的秘密在哪里

员工的固定工资大约为总工资的三分之一，不同的岗位固定工资不一样，如技术员的固定工资比较高，业务员的固定工资比较低。岗位的固定工资低了，员工没有安全感；固定工资高了，员工的积极性又不高。我们先来看看固定工资包括哪几部分。

固定工资包括基本工资、岗位工资、技术工资、职务工资、保险工资、保密工资、通信补贴等。

（1）基本工资：基本工资为本市最低工资标准，该标准参照当地最低工资标准数据。这部分工资不纳入绩效考核内，只要员工在公司上班，公司就必须发放这部分工资。

（2）岗位工资：根据各岗位的技术高低、责任大小、劳动强度和劳动条件等因素确定。岗位工资是指员工在自己的岗位上创造的价值，因此建议把岗位工资纳入绩效考核，而不是根据岗位决定岗位工资。

（3）技术工资：员工掌握了一项或多项能够为公司创造效益的核心技术，根据公司技术人才的招聘难度和重要程度来设定技术工资。

（4）职务工资：按照职务高低、责任大小、工作繁简和业务技术水平高低等因素确定。有些企业把职务工资称为岗位工资，对于中小企业来说，发放职务工资的意义不大，建议把职务工资改为特殊岗位的补贴。

（5）保险工资：指企业除了为员工购买社会保险外，额外增加一份保障，以避免员工出现重大工伤时企业承担过多的风险。保险工资主要针对高危岗位设立。

（6）保密工资：员工在任职期间，应严格遵守公司有关保密的各项规章制度，切实履行与其工作岗位相应的保密职责。企业可根据不同的岗位设立保密工资。

（7）通信补贴：一般指电话补贴。

表1-1 某公司薪酬架构

（单位：元）

职位	基本工资	岗位工资	技术工资	职务工资	保险工资	保密工资	通信补贴
技术主管	1720				300	300	
技术员	1720				300	300	
采购主管	1720				300	300	
生产主管	1720				300	300	
仓管	1720				300	300	
司机	1720				300	300	
保安	1720				300	300	

02

第二个“1”　解决老板最头疼的问题

老板最头疼的问题，是支付了工资却没有得到相应的产出。老板要的是利润不断增长，员工要的是工资持续上涨；老板要的是员工拼命干活、干出成果，员工要少干活多拿钱、责任少、福利好、奖励多；老板希望员工理解企业经营困难，员工希望老板体恤自己生活不易；老板想要员工把工作当事业来干，员工只想做完分内的事情，不想加班。

企业倍增管理1+1+1模式的第二个“1” 是指员工超额完成的部分。如何衡量员工超额完成的部分呢？薪酬体系中最关键的是强调个人的产出和价值计算员工薪酬。同样的工作，要以结果说话，做得越多且越好，奖金就越多，奖金有可能超过底薪的一倍、两倍甚至更多。奖金不设上限，上不封顶、下不保底。当然做得不好就没有奖金，公司绝不养懒人，这套机制叫作SRG激励式薪酬设计。

一、什么是SRG 激励式薪酬设计

SRG是孙荣高（Sun Ronggao）全拼的首字母。SRG激励式薪酬设计主要由三部分组成。

第一部分指工作任务。

第二部分指结果。即员工做这份工作创造的结果。对于同一件事情，同一个项目，不同的人去做，其结果可能不一样，但是工资却一样。一些企业之所以效益不好，是因为员工的动力不足。员工不能像老板一样全力以赴地工作，最主要的原因是员工不是为自己干，公司效益的好坏、成本的高低、利润的多少都与他们没有太大的关系，所以他们根本不会关心公司的绩效，只关心自己的工资。

第三部分指工作的平衡点。什么是平衡点？假如以员工一天生产100个水杯为平衡点，有的员工一天生产105个，有的员工生产120个，而有的员工只生产80个，传统方法是计件结算工资，但是这种方法会出现两个问题，一个是质量问题；另一个是钱多、好做的订单被抢着做，钱少、难做的订单基本上没人做的问题。现在结算方法改为平衡点和超额奖（见图2-1），平衡点是指质量，超额奖包括质量和产量，这样才能让员工努力干活、拼命干活。

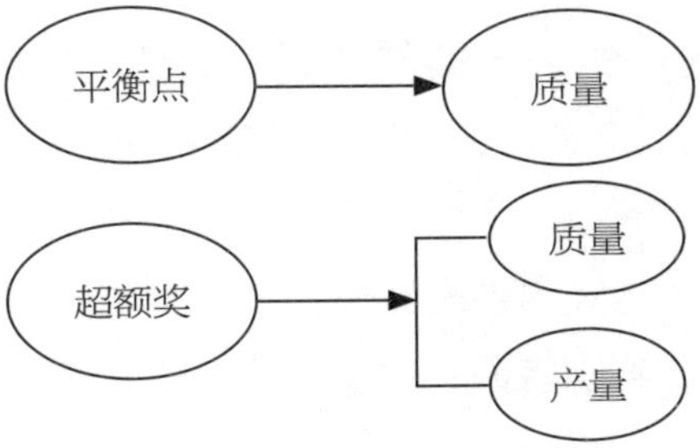

图2-1 平衡点与超额奖的含义

二、SRG 激励式薪酬设计技巧

（一）SRG 激励式薪酬设计原理

在讲原理前与大家分享一下我的亲身经历：有一次，我从外地出差回来，到达广州白云机场时已经是晚上11点，从机场到我家（东莞）需要一个多小时车程，因为是深夜，我只能用“滴滴”叫车回家。我打开手机一下单，马上就有司机抢单，并且三分钟后司机就到达指定的地点接我。

我上车后，司机的服务态度很好，一路找话题跟我聊天。我问他：“这么晚了还在跑（滴滴），你是兼职还是全职呢？”司机说：“全职。”我再问他一个月能赚多少钱。司机说：“好的时候六七千，一般情况下也会有五六千，有时候不小心闯个红灯，还有车损、保险、油钱，到手也没有多少了。”

这个时候我就联想到很多企业都请专职司机开车，每月也要支付五六千块钱的工资，车损、保险、油钱都是企业的，但是司机的积极性跟滴滴司机的积极性却没办法比，滴滴司机是抢工作做，即使是在深夜，而企业的专职司机加班还要给加班费，最重要的是如果你要求他天天深夜加班，他就辞职不干了。核心原因是什么？我认为就是分配的问题。

再跟大家分享一个关于分配的故事。有一个猎人带着猎狗出去打猎，在山上猎人看见了一只兔子，于是他端起枪直接打过去，刚好打中兔子的脚，猎人看到兔子被打中脚就叫猎狗去追，可是猎狗追了两个小时也没有追到这只受伤的兔子。兔子回到窝里，对它的伙伴说：“今天差一点就送命了，被猎人打了一枪，还被猎狗追。”其他的伙伴都很震惊地问：“你是怎么跑掉的？”兔子说：“我为了活下来，拼命地跑，最终甩开了猎狗。”

没有追到兔子的猎狗回到猎人身边，猎人问它：“你为什么连一只受伤的兔子都追不到？”猎狗回答说：“追不追得到我都有饭吃，我为什么还要拼命去追？”

猎人听到这句话之后，知道猎狗的积极性不高是因为没有形成竞争关系，于是猎人在市场上又买回来几条猎狗，并给这几条猎狗设立分配机制，谁抓到兔子谁就有肉吃。机制设立之后，猎狗们每天都能抓到兔子，但是奇怪的是，猎狗抓回来的兔子都是一些小兔子，没有大兔子。

猎人很奇怪，问猎狗：“为什么你们抓回来的都是小兔子？”猎狗回答说：“我们只需要抓到兔子就有肉吃，大兔子跑得快，要耗费更多体力，小兔子很容易抓到，那为什么要费那么大劲去抓大兔子呢？”

猎人经过思考之后，决定重新修改机制，不再只以抓到兔子为考核标准，而是改成与兔子的重量挂钩，抓到的兔子越重，猎狗得到的肉就越多。机制修改之后，兔子的数量和总重量都有所增加，猎人很高兴。

过了一段时间之后，猎人发现猎狗们的积极性又不高了，抓的兔子也越来越少了，经验足的猎狗抓到的兔子反而更少了，于是猎人跑过去问猎狗：“为什么最近抓的兔子越来越少了？”

猎狗反问道：“我们把最好的时间都奉献给你，但是我们都会老去，当我们不能抓到兔子的时候是不是就没有肉吃了？”

于是猎人做了论功行赏的决定，统计猎狗抓到兔子的数量和重量，规定如果猎狗抓到的兔子超出了约定的数量，即使老了抓不到兔子也有肉吃。

猎狗消除了疑虑，又开始拼命抓兔子，这个时候又出现了新的问题：有一些比较厉害的猎狗开始不服，认为自己这么拼命，抓回来这么多的兔子，自己也只能吃一餐，还不如自己抓的兔子自己吃，想吃多少就吃多少。

于是一些有经验的猎狗离开了猎人，它们准备自己干，自己干是比较自由，但是经常饱一餐饿一餐，还不如之前跟着猎人干稳定。

当猎人意识到猎狗在不断地流失时，他想到了合伙机制，于是他又把原来流失的猎狗招了回来。由于采用了合伙机制，原来外面很多有能力的野狗也被猎人吸引了过来，猎人的团队越来越大，抓到的兔子越来越多。

看完这两个故事之后，你有什么感受？

用华为创始人任正非的一句话作为总结：钱会越分越多。

做企业其实就是一个分配的过程，正如小米创始人雷军所说：“做企业是一个拼图游戏，任何一个员工到企业都是为了利益而来，只要我们把分配的问题解决了，一切问题就都解决了。”

要对员工的薪酬做出调整，只需把员工的岗位指标提炼出来，就可以找到员工所创造的价值。在这个价值中，我们只需要找到平衡点，就能解决薪酬设计的问题。每个岗位都有很多岗位职责，要把每一项岗位职责的明细列出来，然而进行分析和提炼，具体的步骤可参照图2–2。

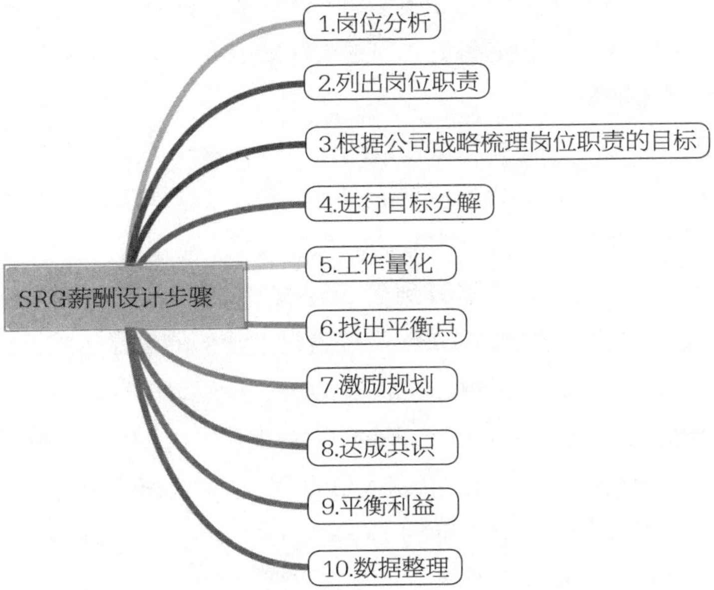

图2–2 SRG薪酬设计步骤示意图

在薪酬设计中，目标设置最为关键，目标是指员工所有的岗位职责或者是员工为所在团队创造的价值。如果目标设置得太高，员工跳着也摸不到，那么这个目标设置就有问题。因此，如何设置目标与考核方法是薪酬设计的重点。把目标设置为指标，提炼出能够量化的数据，找到员工为公司创造的价值，这样做薪酬设计就比较容易了。

还有一个最重要的因素是**员工的自我认知**。我在实践中发现，不少企业评价员工的分数范围是0～100分，可是员工到月底时，分数基本上都在90分以上，有的甚至是满分，这个打分就非常不合理，满分是不是意味着员工已经没有上升空间？那么要怎么打分才是合理的？

比如说，在我们企业里面有一个价值观得分，“付出不亚于任何人的努力”满分是30分，但是能够拿到18分就很不错了，要让员工有一个上升的空间。当然，特别努力的员工就能够拿到20分以上。

如果员工总是拿到满分，心里面就会膨胀，认为自己什么都做好了，自己很厉害了。既然自己这么厉害，为什么到手的工资还是这么少？当员工发现自己没有上升空间时，他们就会想到辞职。

如果总分为100分，员工的分数为60分，那么在员工的认知之中，一定觉得自己还有很多事情没有做好，可是公司却没有扣员工的工资，这个时候员工就会心存感激。

这样的打分设计，让员工认为自己有很大的提升空间。如果在以后的工作中，有些员工对公司的价值贡献确实非常大，公司偶尔给这些员工打一个高分，才能够激励到员工。

我在服务企业时，经常听到老板这样说，“我们的工作完成率为100%”“我们的目标达成了105%”或者是“我们的目标达成了120%，效率不错”。我只想说，不是目标达成了120%，而是你的目标设置有问题。

有位老板带了负责人事的员工和他的主管来参加我们的薪酬设计课程。下课时，这位老板跟我说：“我们负责人事的员工刚到公司的时候，工作完成得非常好，可是到了后面，我对他的工作总有些不满意。”我就问这个负责人事的员工主要的工作职责是什么。这位老板说：“我们是一家小公司，所以负责人事的员工工作比较杂，招聘、培训、后勤、绩效考核、企业文化建设兼前台工作都由他负责，有时还当老板的助理，帮老板处理一些事务。”

我找到这个负责人事的员工，让他把他的工作按照重要程度做一个排序。他认为，老板交代给他的工作是最重要的，每一件事情都要认真做好。

我再让他的主管把这个负责人事的员工的工作按重要程度排序。这个主管则认为，绩效考核和招聘是最重要的。

我又问老板：“这个负责人事的员工哪块工作是最重要的？”老板说：“我们公司很小，基本上都没怎么招人，前台只是接待客户而已，我们现在最重要的是管理员工的问题，所以我希望他把企业文化这一块做好。”

这个结果很有趣：同一个岗位，不同层级的三个人所认为的工作重点、目标都不一致（见表2-1），这就解释了为什么该员工虽然很努力却无法产生绩效。

表2-1 不同的人员认为负责人事的员工最重要的工作

人员	认为负责人事的员工最重要的工作
负责人事的员工	老板交代的工作
员工的主管	绩效考核和招聘
老板	企业文化

造成这个问题的原因在于，员工考核的关键指标里面没有设置权重，员工以自我的认知去判断工作的重要性，导致员工分不清哪些工作是重点。

很多企业业绩做得非常好，可是利润却很低，甚至是没有利润，原因是企业没有设置成本考核指标或者设置有问题，结果有些企业尽管一年赚几十个亿，但最终破产。而有些企业，一年仅赚一百万，老板的日子反而过得很滋润。

我们服务的一家高科技企业，它对高管的考核指标如下：

①人才培养。

②战略管理。

③经营目标。

④业绩管理。

老板认为人才培养的占比指标是5%～10%。我们详细了解了这家公司的战略和发展规划以后，给出的建议是将人才培养的占比指标设为

30%～40%，他们采纳了这个建议。

一年之后，我们收到了这位老板的感谢。当时制订这个目标的时候，很多高管都无法理解，为什么把人才培养的占比指标设置得这么高。其实，这样设置的主要目的是为公司储备人才，让高管知道人才的重要性。团队厉害了，业绩自然就好了。有些高管为了完成考核指标，想尽各种办法到别的公司去挖人，所以一个岗位的指标量化是至关重要的，我们在落地企业的时候，应该根据企业的实际情况来分析和制订岗位指标。表2-2为某有限公司的管理层SRG激励式薪酬设计方案。

表2-2　管理层SRG激励式薪酬设计方案

岗位：技术部　　经理：×××　　单位：某有限公司

薪资结构	基本工资	绩效工资	文化分[1]占比	保密工资	总工资
	2500元	5000元	与绩效工资挂钩	500元	8000元

指标		S1	S2	S3	S4	S5		绩效工资
		净产量	人效（部门人均产值）	工期（出货及时率）	返工率	客户投诉份数		
						一般投诉	重大投诉	
产值标准	月薪权重	25%	25%	20%	15%	10%	5%	100%
	占比积分	1250	1250	1000	750	500	250	5000+
	平衡点	100万元	≥4000元	100%及时	0	15	2	达标实发

① 文化分：指员工的行为分，比如员工提意见、主动分享工作经验、主动帮助同事等可以加分，总之员工做对公司有益的行为都可以归为行为分，文化分不和工资挂钩。

（续表）

指标		S1		S2	S3	S4	S5		绩效工资
		净产量		人效（部门人均产值）	工期（出货及时率）	返工率	客户投诉份数		
							一般投诉	重大投诉	
产值标准	平衡点以上	1%～30%	30%以上	每多出1000元	连续2个月100%及时	当月0返工	0投诉		绩效工资根据个人完成目标计算
	奖分	奖励多出部分的0.1%	奖励多出部分的0.3%	200	500	300	500		
	平衡点以下	低于10%	11%以上	每低于1000元	每超时1天	每高出5%	每出现1次	每出现1次	
	扣分	500	0	300	100	500	100	500	
说明									
数据提供人									

注：绩效工资的单位为元，占比积分、奖分、扣分的单位均为分，表中省略。下同。

（二）SRG激励式薪酬设计落地的三大秘密

1. SRG激励式薪酬设计的六大原则（见图2-3）

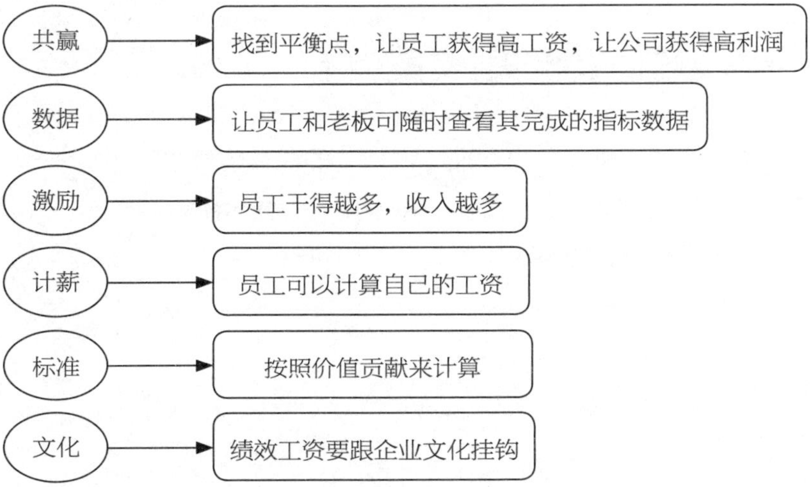

图2-3　SRG激励式薪酬设计的六大原则

2. SRG 激励式薪酬设计在企业落地的关键事项

企业要考虑员工的安全感，刚开始导入薪酬机制的时候，推行前期需要试行2～3个月。比如在试行中，员工业绩低于绩效标准，则按照原来的工资标准发放薪酬；高于绩效标准，则按最高的工资标准发放薪酬。但前提是员工以后都要接受这套方案，同时，我们要多激励员工，站在员工的角度考虑薪酬设计的有关事项，让员工有加薪的机会。

3. SRG 激励式薪酬设计在企业落地的主要障碍

（1）怕麻烦：前期要找很多的关键指标，所以会有很多的事情要做，需要多花一些精力和时间。

（2）不重视：企业虽然知道薪酬的重要性，但还是觉得订单更重要，便先去忙订单的事，认为薪酬的事情以前也是这样做的，现在问题不大。

（3）指标错：设计者专业水平不够，不具备足够的专业能力和落地实战经验。

我们都知道员工到企业上班是为了利益而来，只要给员工加薪的机会，员工的主动性和积极性就会提升。作为老板，应该要有胸怀和格局，让员工干得多、拿得多。只有建立合理的薪酬机制，企业才会越做越强，利润才会越来越高。

三、SRG 激励式薪酬设计实操案例

下面是一些关于员工工作标准（产值）的详细解释（见图2-4）。某公司年度总目标以及管理层、生产部、研发中心、技术部、客服部、人力资源部的SRG激励薪酬设计方案见表2-3～表2-11。

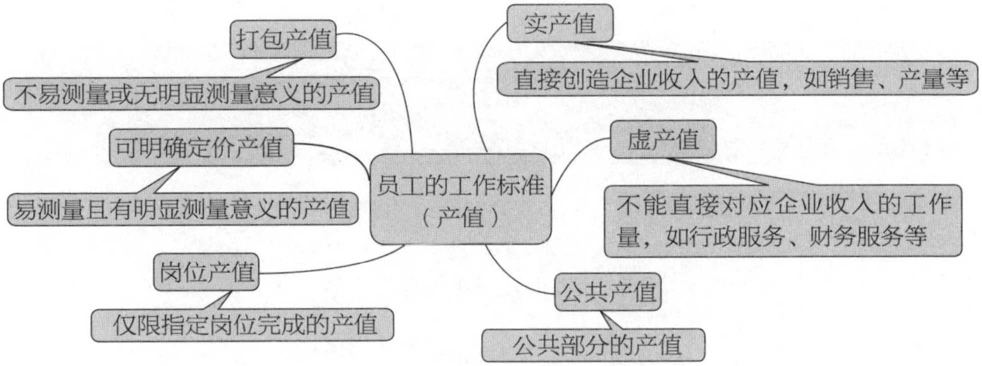

图2-4 员工工作标准（产值）示意图

表2-3 某公司年度总目标

序号	工作指标	工作价值	工作产出的目标与结果	权重
1	人才培养	①招聘、培训、团队建设 ②骨干、管理人才输出 ③关怀员工，维护员工团结与稳定 ④技能培养	培养的人才是否能胜任当下工作，达成考核目标	35%
2	战略管理	为顾客获得独特价值，提高竞争优势	为顾客创造的价值标准和依据	15%
3	经营目标	带领团队完成公司制订的相关目标	利润率、客户满意度、优化用户数据、成本管控等	30%
4	业绩管理	完成公司、团队阶段性业绩目标	提高公司人效和业绩目标	20%

表2-4 管理层SRG激励式薪酬设计方案

岗位：技术部经理　　单位：某有限公司（生产制造业）

指标		S1		绩效工资
		工作任务（通过验收）		
		个人目标	团队目标	
产值标准	权重	20%	25%	100%
	占比积分	1000	1250	5000+
	平衡点	完成率100%	完成率100%	绩效工资根据个人完成目标计算

（续表）

指标		S1						绩效工资
		工作任务（通过验收）						
		个人目标			团队目标			
产值标准	平衡点以上	完成率	100%	≥90%	完成率	100%	≥90%	
	奖分	奖励	1200	900	奖励	1500	1000	
	平衡点以下	≥80%	≥70%	<70%	≥80%	≥70%	<70%	
	扣分	100	500	700	100	500	700	
说明								
数据提供人								

指标		S2				S3		绩效工资
		质量				工作汇报		
		个人质量		团队连带		每月	每日	
产值标准	权重	20%		25%		2%	8%	100%
	占比积分	1000		1250		100	400	5000+
	平衡点	0返工				每月1次	每日	绩效工资根据个人完成目标计算
	平衡点以上	质量出错	第1次	第2次	3次及3次以上	每月完成	每日完成	
	奖分		0	500	800	100	15	
	平衡点以下	团队连带	第1次	第2次	3次及3次以上	—	—	
	扣分		0	500	1000	—	—	
说明								
数据提供人								

表2-5 生产部SRG激励式薪酬设计方案

岗位：生产部生产人员　　单位：某有限公司（印刷行业）

指标		S1			绩效工资
		目标产量			
绩效标准	权重	40%			100%
	占比积分	400			1000+
	平衡点	50万元			绩效工资根据个人完成目标计算
	平衡点以上	完成率	达到100%	每超出10%	
	奖分	奖励	400	100	
	平衡点以下	30万～50万元	20万～30万元	低于20万元	
	扣分	0	100	300	
说明					
数据提供人					

指标		S2		S3	S4		绩效工资
		质量		成本控制	印刷机管理及安全		
绩效标准	权重	30%		20%	10%		100%
	占比积分	300		200	100		1000+
	平衡点	0出错		边角料二次使用	每日清洁，每月大保养		绩效工资根据个人完成目标计算
	平衡点以上	月无出错		使用后的金额	月包干		
	奖分	500		20%奖励	100		
	平衡点以下	出错1次	客退1次	浪费	未及时清理1次	出错1次	
	扣分	100	1000	200	10	50	
说明							
数据提供人							

表2-6　研发中心SRG激励式薪酬设计方案

岗位：研发中心研发人员　　　单位：某有限公司（生产制造业）

指标		S1		S2	绩效工资
		产品检测		通用产品研发	
		效率	合格率	返工率	
绩效标准	权重	20%	20%	22%	100%
	占比积分	800	800	880	4000+
	平衡点	及时准确	合格率达100%	0返工	绩效工资根据个人完成目标计算
	平衡点以上	月按时保质保量完成	合格率达100%	月度0返工	
	奖分	200	200	500	
	平衡点以下	未按时完成每1次	每低于1%	每返工1次	
	扣分	50	200	100	
说明					
数据提供人					

指标		S3		S4		绩效工资
		产品研发创新		整理技术资料		
				工艺流程方案	资料归档、更新	
绩效标准	权重	20%		10%	8%	100%
	占比积分	800		400	320	4000+
	平衡点	符合客户要求		符合客户需求	及时、准确	绩效工资根据个人完成目标计算
	平衡点以上	利润低于10000元	利润大于10000元	月完成	月完成	
	奖分	按1%奖励	按2%奖励	400	320	
	平衡点以下	—		每出错1次	未及时完成每1次	
	扣分	—		50	50	
说明						
数据提供人						

表2-7 技术部SRG激励式薪酬设计方案（一）

岗位：技术部开发人员　　单位：某有限公司（互联网行业）

<table>
<tr><th colspan="2" rowspan="3">指标</th><th colspan="3">S1</th><th colspan="2">S2</th><th rowspan="3">绩效工资</th></tr>
<tr><th colspan="3">项目开发（当月已有项目实施时执行）</th><th colspan="2" rowspan="2">协同合作（个人）</th></tr>
<tr><th>时间</th><th colspan="2">质量</th></tr>
<tr><td rowspan="7">绩效标准</td><td>权重</td><td>30%</td><td colspan="2">40%</td><td colspan="2">30%</td><td>100%</td></tr>
<tr><td>占比积分</td><td>900</td><td colspan="2">1200</td><td colspan="2">900</td><td>3000+</td></tr>
<tr><td>平衡点</td><td>所有项目按时完成</td><td colspan="2">0返工</td><td colspan="2">平均分≥85分</td><td rowspan="7">绩效工资根据个人完成目标计算</td></tr>
<tr><td>平衡点以上</td><td colspan="3" rowspan="2">当月所有项目按时保质保量完成，额外奖励项目提成10%（团队分配）</td><td>优（95分以上）</td><td>良（85～95分）</td></tr>
<tr><td>奖分</td><td>900</td><td>700</td></tr>
<tr><td>平衡点以下</td><td>每推迟1天完成</td><td>每返工1次（轻）</td><td>返工1次（严重）</td><td>合格（70～85分）</td><td>不合格（＜70分）</td></tr>
<tr><td>扣分</td><td>300</td><td>500</td><td>无提成</td><td>100</td><td>500</td></tr>
<tr><td colspan="2">说明</td><td colspan="3">项目提成10%由项目经理分配</td><td colspan="2">与项目开发工作相关的人员参与不记名评分</td></tr>
<tr><td colspan="2">数据提供人</td><td colspan="3"></td><td colspan="2"></td></tr>
</table>

表2-8　技术部SRG激励式薪酬设计方案（二）

岗位：技术部平面设计师　　　单位：某有限公司（电商行业）

指标		S1	S2	S3			S4	绩效工资
		图片处理	首图与详情图制作	质量			时效	
绩效标准	权重	35%	20%	25%			20%	100%
	占比积分	875	500	625			500	2500+
	平衡点	50款产品	每月40款，每款5张	90分			每天按时完成任务	绩效工资根据个人完成目标计算
	平衡点以上	1款	1款	95分	90分	客户每表扬1次	月内每天保质保量完成	
	奖分	20	15	200	100	50	100	
	平衡点以下	—	—	≤80分	≤70分	客户每投诉1次	每延迟1天	
	扣分	—	—	300	625	100	100	
说明								
数据提供者								

表2-9 客服部SRG激励式薪酬设计方案（一）

岗位：客服部客服人员　　单位：某有限公司（电商行业）

<table>
<tr><th colspan="2" rowspan="2">指标</th><th>S1</th><th>S2</th><th rowspan="2">绩效工资</th></tr>
<tr><th>邮件回复</th><th>易仓使用与报表</th></tr>
<tr><td rowspan="7">绩效标准</td><td>权重</td><td>25%</td><td>15%</td><td>100%</td></tr>
<tr><td>占比积分</td><td>500</td><td>300</td><td>2000+</td></tr>
<tr><td>平衡点</td><td>当日回复</td><td>按要求、按时处理</td><td rowspan="7">绩效工资根据个人完成目标计算</td></tr>
<tr><td>平衡点以上</td><td>月负责</td><td>每天</td></tr>
<tr><td>奖分</td><td>500</td><td>12</td></tr>
<tr><td>平衡点以下</td><td>未按时回复（每次）</td><td>未按要求、未按时处理（每次）</td></tr>
<tr><td>扣分</td><td>50</td><td>20</td></tr>
<tr><td colspan="2">说明</td><td></td><td></td></tr>
<tr><td colspan="2">数据提供者</td><td></td><td></td></tr>
</table>

<table>
<tr><th colspan="2" rowspan="3">指标</th><th colspan="3">S3</th><th colspan="3">S4</th><th>S5</th><th rowspan="3">绩效工资</th></tr>
<tr><th colspan="3">客户满意度</th><th colspan="3" rowspan="2">退款率</th><th rowspan="2">转介绍</th></tr>
<tr><th colspan="2">好评率</th><th>投诉率</th></tr>
<tr><td rowspan="7">绩效标准</td><td>权重</td><td colspan="2">20%</td><td>20%</td><td colspan="3">20%</td><td rowspan="3">—</td><td>100%</td></tr>
<tr><td>占比积分</td><td colspan="2">400</td><td>400</td><td colspan="3">400</td><td>2000+</td></tr>
<tr><td>平衡点</td><td colspan="2">>99.8%</td><td>0投诉</td><td colspan="3"><2.0%</td><td rowspan="7">绩效工资根据个人完成目标计算</td></tr>
<tr><td>平衡点以上</td><td>>99.8%</td><td>达到100%</td><td>当月0投诉</td><td>≤0.5%</td><td>0.5%～1.0%</td><td>1.1%～1.5%</td><td rowspan="4">提成</td></tr>
<tr><td>奖分</td><td>300</td><td>400</td><td>300</td><td>200</td><td>100</td><td>50</td></tr>
<tr><td>平衡点以下</td><td>98.6%～98.9%</td><td>≤98.6%</td><td>出现1次</td><td>2.0%～2.2%</td><td>2.2%～2.5%</td><td>2.6%～3.0%</td></tr>
<tr><td>扣分</td><td>400</td><td>200</td><td>50</td><td>100</td><td>200</td><td>400</td></tr>
<tr><td colspan="2">说明</td><td colspan="3"></td><td colspan="3"></td><td></td></tr>
<tr><td colspan="2">数据提供者</td><td colspan="3"></td><td colspan="3"></td><td></td></tr>
</table>

表2-10　客服部SRG激励式薪酬设计方案（二）

岗位：客服部客服跟单员　　单位：某有限公司（互联网行业）

指标		S1	S2				绩效工资
		回复及时性	服务态度				
绩效标准	权重	20%	30%				100%
	占比积分	400	600				2000+
	平衡点	10分钟内回复	0投诉				绩效工资根据个人完成目标计算
	平衡点以上	月负责	得到客户书面表扬（每次）				
	奖分	500	50				
	平衡点以下	超时（每次）	客户投诉	第1次	第2次	3次及3次以上	
	扣分	50	扣分	200	400	600	
说明							
数据提供者							

指标		S3	S4			绩效工资
		老客户回访	成交量			
绩效标准	权重	25%	25%			100%
	占比积分	500	500			2000+
	平衡点	月回访100个	月目标成交业绩5万元			绩效工资根据个人完成目标计算
	平衡点以上	回访并登记1个	业绩＞100%，每超过10%，额外奖励50			
	奖分	5	500			
	平衡点以下	少登记1个	50%～80%	低于50%	0	
	扣分	10	100	300	500	
说明						
数据提供者						

表2-11 人力资源部SRG激励式薪酬设计方案（包干产值）

岗位：人力资源部人事专员

单位：某有限公司（以8月人事工作目标为参考）

<table>
<tr><th colspan="2" rowspan="2">指标</th><th>S1</th><th colspan="4">S2</th><th rowspan="2">绩效工资</th></tr>
<tr><th>员工招聘</th><th colspan="4">培训与考核</th></tr>
<tr><td rowspan="7">绩效标准</td><td>权重</td><td>30%</td><td colspan="4">20%</td><td>100%</td></tr>
<tr><td>占比积分</td><td>600</td><td colspan="4">400</td><td>2000+</td></tr>
<tr><td>平衡点</td><td>月度目标6个</td><td colspan="4">考核达标率90%</td><td rowspan="7">绩效工资根据个人完成目标计算</td></tr>
<tr><td>平衡点以上</td><td>每完成1个</td><td colspan="4">每超过2%</td></tr>
<tr><td>奖分</td><td>100</td><td colspan="4">50</td></tr>
<tr><td>平衡点以下</td><td>月完成率低于50%</td><td>达标率</td><td>81%～90%</td><td>71%～80%</td><td>≤70%</td></tr>
<tr><td>扣分</td><td>200</td><td>扣分</td><td>50</td><td>100</td><td>300</td></tr>
<tr><td colspan="2">说明</td><td></td><td colspan="4"></td></tr>
<tr><td colspan="2">数据提供者</td><td></td><td colspan="4"></td></tr>
</table>

<table>
<tr><th colspan="2" rowspan="2">指标</th><th>S3</th><th colspan="3">S4</th><th rowspan="2">绩效工资</th></tr>
<tr><th>员工档案</th><th colspan="3">积分执行</th></tr>
<tr><td rowspan="7">绩效标准</td><td>权重</td><td>25%</td><td colspan="3">25%</td><td>100%</td></tr>
<tr><td>占比积分</td><td>500</td><td colspan="3">500</td><td>2000+</td></tr>
<tr><td>平衡点</td><td>及时、准确</td><td colspan="3">及时、准确</td><td rowspan="7">绩效工资根据个人完成目标计算</td></tr>
<tr><td>平衡点以上</td><td>包干月负责</td><td colspan="3">包干负责</td></tr>
<tr><td>奖分</td><td>500</td><td colspan="3">500</td></tr>
<tr><td>平衡点以下</td><td>档案不齐全造成公司劳动风险1个</td><td>未及时录入1次</td><td>数据错误1次</td><td>未做好监督，执行不到位1次</td></tr>
<tr><td>扣分</td><td>200</td><td>20</td><td>20</td><td>50</td></tr>
<tr><td colspan="2">说明</td><td></td><td colspan="3"></td></tr>
<tr><td colspan="2">数据提供者</td><td></td><td colspan="3"></td></tr>
</table>

SRG激励式薪酬设计方案——销售团队晋升等级与薪酬模式见图2–5。

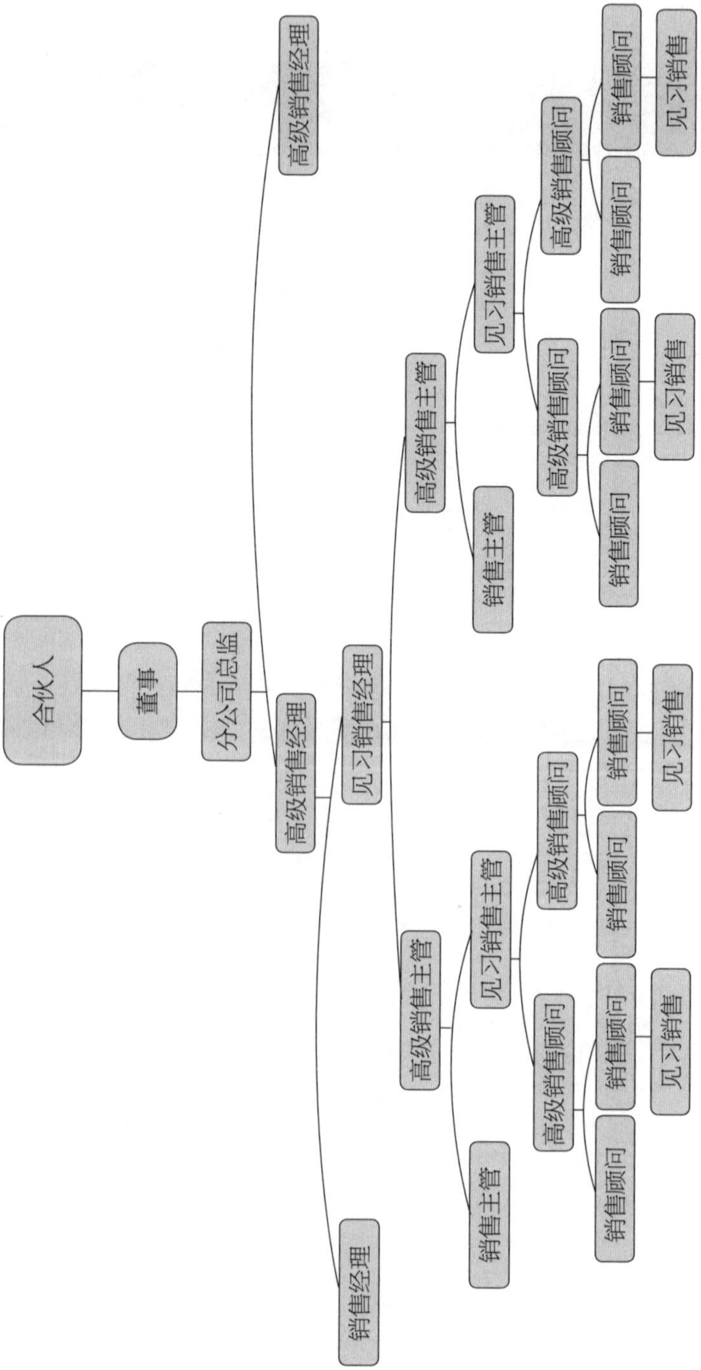

图2–5 SRG激励式薪酬设计方案——销售团队晋升等级与薪酬模式

销售团队目标和提成分配见表2-12。

表2-12 销售团队目标和提成分配

级别	职位	权限	底薪	业绩目标（晋升）	业绩提成		
					个人	团队	老带新
员工级	见习销售顾问	无	2500元	个人业绩达10万元	10%	—	—
	销售顾问	无					
	高级销售顾问	带领新人					3%
主管级	见习销售主管	带领2个销售顾问	3000元	个人业绩达10万元，团队业绩达30万元		2.0%	—
	销售主管		3300元			1.8%	
	高级销售主管		3500元			1.5%	
经理级	见习销售经理	带领2个主管团队	3500元	个人业绩达10万元，团队业绩达60万元		1.3%	
	销售经理		3800元			1.0%	
	高级销售经理		4000元			0.8%	
总监	销售总监	带领2个经理团队	5000元	个人业绩达10万元，团队业绩达120万元		0.5%	

销售团队激励分配奖励见图2-6。

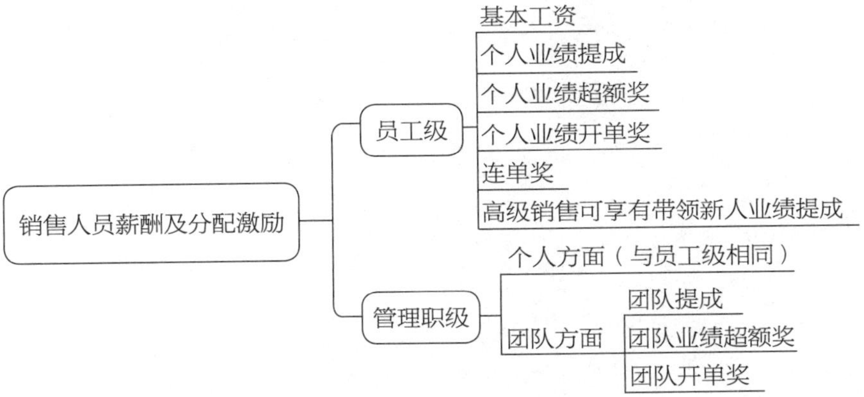

图2-6 销售团队激励分配奖励

03

第三个“1” 揭示企业倍增的秘密

一、中小企业倍增的最大障碍

今天的中小企业已经从买方市场变为卖方市场，老板跟员工之间，老板占的被动因素更多。

比如，有的员工在网络上兼职做微商，可能会比在企业上班赚的钱还要多，国家也鼓励大家去创业，老板就没有理由阻拦。

随着时代的发展，现在人的思维已经发生变化。除了人变得越来越聪明，人的选择也变得越来越多，人的维权意识、法律意识也变得越来越强了。

为什么会这样?

“90后”渐渐成为职场的主力军，他们中很多人都是独生子女。这些孩子的思维方式跟老一代人是完全不一样的。

受教育程度不一样，“90后”的受教育程度普遍比老一代人高，他们更懂得用法律来保护自己。“90后”家庭条件普遍较好，这让他们对工作的选择不只是看中薪酬，而是看中企业的环境、文化以及氛围，对是否选择这份工作也产生一定的影响。

发达的信息让“90后”有了更多的学习机会，他们不仅仅是局限于在学校里面学习知识，还可以选择在网上获取自己想要的学习资源和机会。整体来说，他们更愿意学习，更愿意提升自己，如果说企业管理的方式跟不上，那么他们会选择更好更大的平台。

选择性更多，时代的变化涌现出很多新的岗位，当求职的市场变成供大于求，求职者的选择就更多了，当员工对现在工作不满意就会选择跳槽。

这些现状衍生出新的有关人的问题，而管理管的是人性，如果你的企业还用之前的管理方法，你觉得管用吗?

①人们赚钱的渠道与选择越来越多。

②员工的不良行为是老板最头疼的问题。

③规章制度变得越来越难落实。

④思维方式在不断地发生变化。

⑤政策导向在不断地发生变化。

总的来说，管理才是企业做大做强的核心竞争力。

请思考：未来两年、三年、五年，你能用什么样的人才？你的企业怎样才能做大做强？

创新管理方式的重要性不亚于任何技术创新，你只有不断创新、拥抱变化，才能不断地给企业灌注生命的活力。

二、揭示企业倍增的创新方法

企业想要倍增，商业模式、产品、团队、市场都很重要，但我认为最重要的是团队。团队最需要什么？需要管理，需要机制。著名的企业管理家稻盛和夫先生所持的管理理念是稻盛哲学和管理会计。所谓管理会计，是算出每个阿米巴（详见第四章）每天的支出和收入，让每个员工知道每天工作的结果，做到及时量化。然而，中国的很多企业都很难做到量化和数据化管理，因为标准很难制定。但是我们可以把标准转化为积分，用积分进行对比，同样可以实现量化。

（一）什么是积分管理

积分管理是通过**奖分和扣分**的方式对人的能力、思维方式和工作目标、工作结果进行全方位量化，如图3–1所示。用软件记录排名，永久使用，并与相关利益挂钩，达到激励的作用，全方位提高人的积极性，让员工从被动

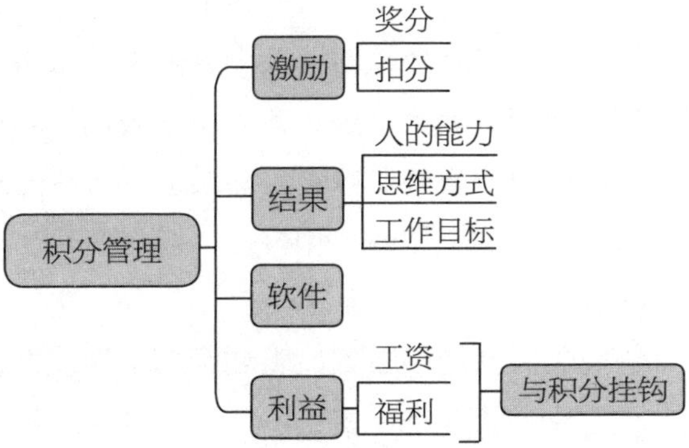

图3–1　积分管理概念示意图

工作变为主动工作，不断地为企业创造更高的价值。

奖分和扣分：奖分用于正激励，扣分用于负激励，奖扣分可以与任何事件挂钩，见图3-2。奖扣分有三种方式，第一种是只奖不扣（比如团队有10人，只奖前三名），第二种是只扣不奖，第三种是奖扣结合（做得好的奖分，做得不好的扣分），见图3-3。

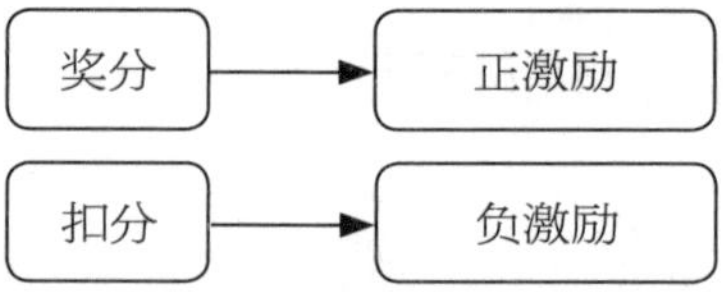

图3-2 奖分和扣分的用法

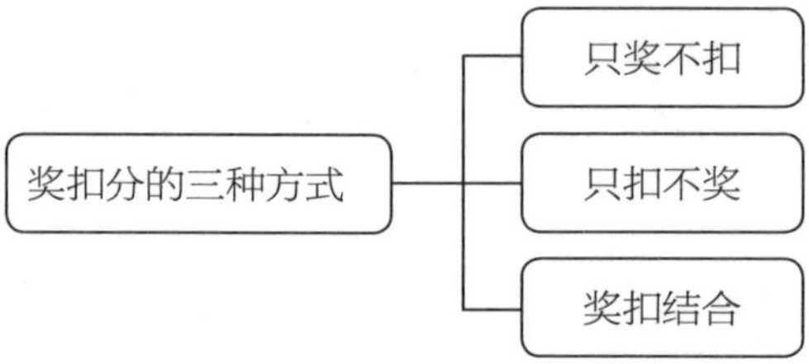

图3-3 奖扣分的三种方式

人的能力：人的能力有强弱之分，有些人既会写代码又会做主持人，有些人既会培训又会管理，有些人甚至还学会了更多的技能，但是也有人把某一项技能做得又精又专。一个人的学历与他所掌握的技能并不是正相关的，例如，有的人学历很高，但是他的技能不强，而有的人学历虽低，但某项技能特别强。

思维方式：思维方式是最难考核的，每个人的想法都不一样，有人充满激情，有人抱怨；有人积极，有人消极；有人站在公司立场说话，有人在背后说公司坏话。这些都是思维方式的差异，结果也完全不一样。

积分管理能够量化员工的工作效率和行为，通过量化，可以更好地实现公平公正，更好地激励员工。

而采用这套方法量化后就能够看到员工之间的工作能力和工作效率的差异：同样职位上的员工拿着相同的工资，所产生的结果却不一样。因此有些在公司混日子的人经过量化之后日子就不好过了，而工作努力、愿意付出的员工，他们的量化结果很好，也就乐于接受积分管理。

（二）传统积分与积分管理的区别

很多人都听说过积分，那么传统积分与积分管理的区别在哪里呢?

为了吸引顾客购物，不少商家会推出积分兑换活动：顾客持积分进行消费，根据消费金额累计积分，积分达到一定数额可兑换不同礼品。

又比如，针对小孩异地上学、入户难的问题，政府通过各种政策鼓励人们累计积分。当积分累计到一定程度，人们可获得入学、入户资格或资金补贴。

再比如，如果只靠罚款来约束司机的违章行为，有的人并不在乎罚款金额，那么罚款便失去了意义。所以，当交通部门将积分与交通法规结合，借用积分约束司机行为，就可大幅度减少司机的违章行为。

我们可以看到，传统积分在我们生活中无处不在，购物、游戏、上学、入户、交通违章等领域都会运用到积分。既然积分的好处这么多，我们应该如何有效地将其运用到企业管理中呢?

积分管理就是在这种形势下被创造出来的一种全新的管理方法，它颠覆了传统管理的思维。

传统的管理方法对员工的管理是以处罚为主的，若员工做得好，老板或管理者会进行口头奖励，但是口头奖励比较虚。毕竟老板和管理者的精力和时间是有限的，不可能每件小事都能做到口头激励，这导致员工不愿意做好一些小事。

例如开会，应到10名员工，结果按时到会8名，迟到2名。按照传统的管理方法，管理者不敢扣、不敢罚，最多只是口头提醒，但口头提醒多了，员工听不进去。改用积分管理后，对迟到的2名员工进行扣分，多次迟到加倍扣分，给准时到会的员工奖分，这样便可以有效减少员工迟到的现象。

方法不一样，产生的结果也不一样。员工每一次好的行为都可以得到奖分，奖分记入个人的账户，终身有用。这种企业氛围让员工感到轻松和快乐。

积分管理在企业中的运用是根据人性设计的，一切以人为本，所以它比传统的管理方法更人性化，对员工激励的效果也更长久。

（三）你的企业是否适合用积分管理

对于积分管理，可能有人会有这样的疑问：我的企业不大，员工不多，或我的企业很大，员工很多，这种管理方法是否适用呢？

对于现代企业来说，无论规模大小，如果没有一套行之有效的管理方法，则很难把企业做大做强。想让企业有持续竞争力，就必须有一套适用于现代企业的管理方法。只有管理规范化的企业才有持续发展的动力，才能赢得人们的尊重。

综合了我20多年来的管理实践和外出学习经验，这套管理方法适用于解决企业管理方面的难题。现在我跟大家分享一下我的经验。

在创业之初，我的企业遇到了各种各样的管理难题。技术工程师出身的我，对于管理一窍不通，面对这些难题束手无策。于是我参加了各种学习课程和培训，现场学习时感觉很好，但是回来后无法运用于实际。

有一次我开车回家，在车上听《毛泽东传》，当听到毛泽东是用工分来管理农民的分配问题时，我得到很大的启发，回去之后我就去查这方面的资料，但是能找到的资料很少。不过，我留意到美国有一家公司在运用积分管理，便深入研究，发现它的管理思想其实是源于毛泽东的管理理念。

研究过后，我将这套管理方法导入企业之中，发现员工的行为确实发生了改变，但是记录数据又成了一个最大的难题。由于数据庞大，记录人员只能依靠表格来记录，员工不能及时看到积分的排名变化，也就不能及时受到约束和得到激励。但是比起之前没有使用这套管理方法的时候，员工的态度有了极大改善。

为了解决数据记录难题，我组织公司技术人员一起开发了积分管理软件——功道云。经过5年的开发测试和升级，这款软件终于在2016年初上线使用。

将这套管理方法运用到公司之后，我发现员工的工作积极性有了很大的提高，服务态度有了很大改善。老客户看到这些变化之后，也想知道我用了什么方法来管理公司，于是我就把这套管理方法告诉他们，并免费提供软件给他们使用。

采用了新的管理方法后，老客户反馈员工的行为有了效果不俗的改善，便建议我们将这套管理方法和软件推向市场。于是我们不断完善和升级软件并将它推向市场，才有了今天的积分管理。

（四）积分管理让企业倍增的25大优势

1. 节省成本，减少浪费

员工为企业节约10元，企业就给员工奖励20分；节约100元，就给员工奖励200分；员工为企业介绍人才，可得到200分。

2. 取之不尽、用之不竭的资源

由于积分管理是按排名进行奖励，所以不管加分多少，企业成本都不会增加。举例说明：假设公司月底评选一名优秀员工，则积分排名第一的人是优秀员工；若评选两名优秀员工，则取排前两位者；评选三名，就取排名前三的员工；以此类推。

3. 解决了金钱不能解决的问题

人是需要不断被激励的，员工每完成一项任务或一个项目都需要被激励，而现在企业最常用的手段就是老板口头表扬，但说多了员工没感觉。有些企业则用钱去激励员工，但对于部分企业来讲，这种方式的成本太高，所以奖分制度更为合适。

4. 保留现有规章制度

很多新的管理方法的实施都需要更改公司原有规章制度，甚至调整公司组织架构。一套全新的管理方法在公司推行的时候很难落地，原因是一个公司的管理与公司的文化有关，与公司的人有关，而新的制度往往需要人去执行，公司要花费大量的时间、精力去向员工解释，有些员工最后还是不接受，所以会给公司造成潜在的风险。而积分管理则是在保留现有的制度基础上增加了执行力。

5. 保留现有管理流程

我曾经走访过很多公司，发现很多公司都有这样的标语：“流程大于总经理”。一家企业的管理流程、项目流程要经过不断优化，复盘，总结，提炼，才能变得成熟。很多企业的问题不是在流程上面，而是流程中某个环节的执行出了问题，积分管理正好弥补了原有管理流程的不足。

6. 保留现有管理方式下的工作习惯

大多数管理方法要落地，都需要改变企业规章制度、管理流程和工作习惯，其中最难的就是改变员工的行为、工作流程和工作习惯。人的行为、工作流程和工作习惯很难被改变，一旦员工反对，管理就很难落地实施，而积分管理则不需要改变规章制度、管理流程和工作习惯，操作性更强。

7. 符合人性，员工乐于接受

积分管理是用于激励员工的管理方法，员工接受或不接受都可以，但管理者可依据积分的高低来决定是否给员工涨工资、升职、发福利，也可按照积分排名来淘汰员工。

8. 满足了员工的精神追求

员工可通过积分的变化来提升自己的工作积极性。人总是喜欢对比，因为有对比就会产生差距，如果差距过大，员工就有改变自我的动力。比如说，半年之后员工有加薪的机会，但是只有积分排名前30%的员工才能争取这次机会，那么员工就会积极工作。

9. 员工通过积分升职、加薪、成为合伙人或公司股东

在管理中，有三个字特别重要——“通人性”，人性要求公平、公正，公司提拔一个积分高的员工，任何人都不会有意见，反过来说，只要员工的积分高，就能够享受公司的全部待遇，包括升职、加薪、成为合伙人、成为股东。不知不觉就解决了员工激励与执行力的问题。

10. 符合趋势和国家政策

人类不知不觉地走进了大数据时代，人们在决策的时候往往以数据作为参考，而不再采取过去的拍脑袋行为。不管哪个行业、哪个指标，都是以数据说话，数据可以记载点点滴滴，提升决策的正确率，避免企业陷入决策的难题，所以说积分管理已经成为企业未来的标配。

在农村大集体年代已经在用工分管理，只是那个时候统计不方便，到今天入学用积分、交通管理用积分、考试用积分，很多政府部门的客户也在用积分管理。

11. 符合投资人对人才数据分析的需求

一家企业能不能做大做强，主要取决于人才，而很多公司为了吸引投资，想尽各种手段向投资人展示人才的优势，而展示出来的往往只是一个头衔、一个工作岗位或者是曾在某个大公司的任职经历，这些并不能完全体现一个人的能力。而积分管理可以量化员工的日常工作和行为，这些数据能够真正地体现员工的能力，这些数据才是投资人想要的。

12. 容易落地实施

积分管理是通过软件把员工的工作和行为量化并记录下来的管理方法，管理者可依据数据制定各种激励机制。

13. 公平、公正，不让优秀员工吃亏

积分管理是公开透明的，员工做了多少贡献，哪些事情做得好，哪些事情做得不好，通过积分的形式展示出来，管理者可以看到，员工也可以看到，在做分配的时候，可以根据积分的排名、员工对公司的贡献来进行，做到让优秀的员工不吃亏，为奋斗者搭建一个公平、公正的平台。

14. 改变管理者之间与管理者和员工之间的关系

管理者之间常因为利益冲突而钩心斗角，导致出现工作上不配合、团队间不团结的情况。有时管理者和员工之间表面上和和气气，其实私底下明争暗斗，这种关系不利于企业的发展，但通过积分管理可以改变这种局面。

15. 使主观和客观愿望的结果达成一致

积分管理把人的主观愿望和客观效果分离了。什么叫主观愿望？员工的主观愿望就是挣积分，而产生的客观效果就是帮助企业产生效益。比如很多人购买中国福利彩票，不是为了中国的福利事业，而是希望中奖，但实际上他们间接支持了中国福利事业的发展。积分管理使主观和客观的愿望的结果达成一致，既满足了员工想要积分的愿望，也达到了员工为企业带来效益的效果。

16. 育人的作用

人无完人，员工身上多多少少都会有一些不好的小习惯，要是不对这些小习惯加以重视，有可能酿成大错。这是企业老板不愿意看到的结果，但总不能因为员工的一些小习惯就批评指责他们，这样显得太不人性化了。

这些小习惯又不能不改，所以最好的办法就是员工一犯错就及时给出相应的提醒。积分管理在此就充当了管理者的角色，提醒员工纠正不良的行为习惯，员工每次犯错，就面临扣分的惩罚，若改正过来则可奖分。这种管理方法通过扣分和奖分的形式来提醒员工改正不良的习惯，从而达到育人的效果。

17. 对比、竞争（拉力、推力）的作用

有竞争才会有进步，员工与员工之间难免会进行比较，当公司的福利待遇都倾向于积分高的员工时，会对积分低的员工起到激励的作用，也就是推力和拉力的作用。

18. 淘汰员工（分离人才）的作用

积分管理如何做到淘汰末位员工，筛选出优秀人才？我建议采用“361淘汰法则”。“3”是指积分排名前三的员工，享受升职加薪等福利；“6”是指积分排在第四到第九位的员工；而“1”是指积分排名最后的员工，公司可以对其采取调岗、降薪淘汰等措施。

19. 处罚与警告的作用

员工犯错是常事，针对这种情况，大多数企业只是进行口头警告，还有一些企业会选用扣钱的方式。警告对员工可能作用不大，虽然扣钱可以直接起到作用，但是员工最反感这种行为。我建议的积分管理可弥补口头警告和扣钱的弊端。

20. 给员工建立数据银行

采用积分管理方式的目的不是惩罚员工，而是激励员工。将员工工作量化后，企业可通过积分看到员工对公司的贡献，员工可以随时随地查看工作状态的变化、能力的提升等个人数据。

21. 让员工从被动工作变为主动工作

在传统的管理方式中，员工是没有什么工作目标的，干多干少拿到的工资都一样，所以员工没有太大的积极性，工作很被动。但是在积分管理下，员工完成工作或做额外工作都有奖分。每一次奖分都是对员工工作的认可，员工的积分越高意味着他的年终奖、福利或者平时发的奖金越多。员工看到了希望，在工作中就会更加积极主动，从被动工作转向主动工作。

22. 解决分配问题

如何发好年终奖是老板最为头痛的问题。若对每位员工平均发放年终奖，不但不会起到激励作用，还会有反作用。到底要怎么发年终奖才能实现公平、公正？我们可以采用积分管理的分配方式，依靠积分软件进行排名，只奖励积分排名靠前的员工，体现公平、公正。

23. 解决执行力的问题

提高员工执行力也是企业的难题之一。传统的管理方式是扣钱，但是扣钱会引起员工的反感。而积分管理不提倡扣钱，而是采用奖分和扣分的形式，以奖分来激励员工，以扣分来提醒员工，通过员工与员工之间的积分差距来刺激员工提升执行力。

24. 长效激励与长期待遇等问题

积分永不清零，干得越久的员工积分越高，积分越高的员工动力越足，积极性越强。

25. 让企业找到灵魂

企业的灵魂实际上是企业文化，即要求全体员工遵守企业的价值观。员工的价值观是需要考核的，但也是最难考核的。

我们可以通过积分管理，把员工的日常行为量化，以更好地执行考核。

比如说量化“客户第一”这项要求，可以这样做：如果员工不被客户投诉，或得到客户表扬，就可以加分；反之，员工被客户投诉，就扣分。以积分的形式来量化员工的日常行为，为建立良好的企业文化做铺垫。

当然，一套好的管理方法必须是双赢的。这套管理方法对员工和老板都是有利的。比如，在分配上面，我们设计了很多机制和方法，以彻底解决管理难的问题。

积分管理可以有效地引导和激励员工超额完成工作目标，我们在服务企业落地过程中，就有不少成功的例子。

例如，怎么让员工完成或超额完成目标？今天他完成了“做到1000块”的目标，明天我们要让他“做到1001块或者1002块”，后天我们要让他“做到1003块”，每天都能够让员工做到产值增量，是这套方法里最精华的一部分，后面再跟大家分享。

合理利用积分还能考核企业员工的关键过程、关键目标以及关键结果。除此之外，积分管理还有很多优势等着人们去利用。

三、企业倍增的落地方法

（一）设置积分规则

1. 为员工建立挣分平台

员工的挣分平台分为四大类：工作绩效分、企业文化分、能力分、其他临时分。在设置规则时，应注意积分的占比，其中工作绩效分可占70%～80%。占比要根据企业的规模和不同的发展阶段来设置（见图3-4）。

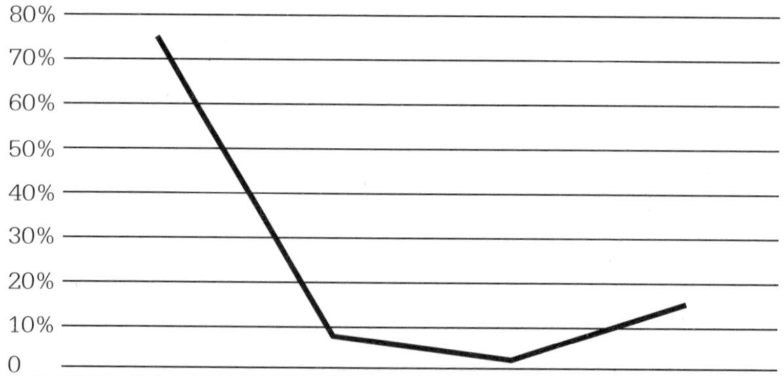

积分种类	工作绩效分	企业文化分	能力分	其他临时分
占比	75%	8%	2%	15%

图3-4　积分分类占比

2. 为公司建立扣分平台

奖扣分标准的平衡，体现出积分管理的引导意图和价值观，意味着对员工工作期望的大小。奖扣分标准的平衡，直接影响评价的结果和员工的动力。

扣分是负激励。一般来说，对于员工的日常本职工作和应知应会的事，可以只规定扣分，不另给奖分。也就是说，用扣分来规范员工的基本行为。

另外，针对公司的各种单项事件或个性化事件，可以在员工明确目的、要求、完成时间的情况下，规定一对一的奖扣，特别重要的项目应重奖重罚，奖扣要相对平衡。

（二）设置积分管理的流程

如何计算员工的能力分？

能力分包括学历、证书、职称、技能、职务、特长、荣誉及其他方面的积分，表示公司对每个员工能力的肯定。能力的强弱通过积分的高低体现，而能力分占总积分的2%左右。公司可根据实际情况设定能力分，起步阶段建议先不使用能力分，以导入工作分为主，待员工慢慢适应积分、重视积分后，再逐渐导入能力分。

如何计算员工工作分？

明确每个职位的工作目标，用积分来衡量工作的结果，以结果为导向设置工作分的规则，这些是积分设计时要量化的核心内容。那么，如何量化工作才能让员工创造更高的价值?

1. 按业绩计算

有些工作的结果是直接给企业带来实际利润的，如销售团队的工作，团队人员的工作分可以业绩结果为导向进行加分。某公司积分规定业务员每完成1万元的业绩加200分；超出目标，每超过1万元加500分。假如公司规定业绩目标是10万元，这个月小李完成10万元，小张完成12万元，小彭完成8万元。那么这个月三个人的工作分分别是：

小李：200分×10=2000分

小张：200分×10+500分×2=3000分

小彭：200分×8=1600分

员工为了挣分而创造更高的业绩，同时部门管理者可以看到员工的表现与工作效益。

客服团队的工作分也可根据业绩计算。客服人员负责订单跟进，每天积极主动地联系客户，为客户解决各种问题。为提高回款率，公司规定难收款项每收回1000元加100分，客服人员为了挣积分而努力收回尾款，积极服务客户，服务质量比以前提升了，收到10000元尾款，工作分得到1000分，公司回款率从以往的75%～85%，提高到现在的95%。

2. 按产量计算

某家工厂生产线员工负责生产鼠标的工作，根据以往的标准，平均每个人一天能生产100个鼠标。我们在设置积分时，先制定两个标准：假定一个人一天的工作分是100分，他们的目标是每天生产100个鼠标。那么可以设置积分规则：生产1个鼠标加1分（按数量加分）。今天张三生产了130个鼠标，李四生产了90个鼠标。他们二人今天的工作分分别是：

张三：130×1分=130分

李四：90×1分=90分

一天下来，部门管理者可通过积分的高低看到部门员工之间的生产时间、质量、效率的差异（见图3-5），从而客观评价员工的工作状态与能力。

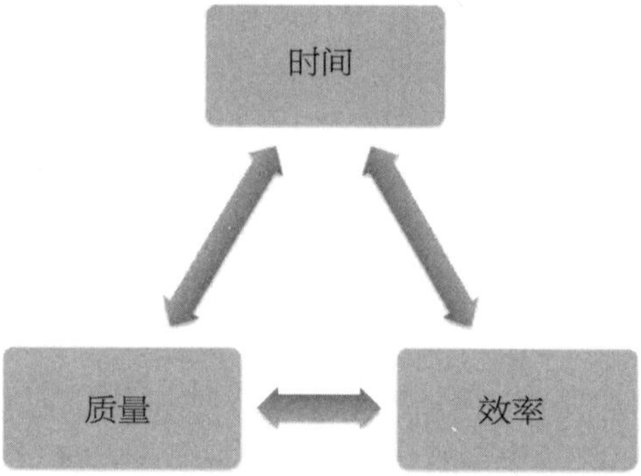

图3-5 时间、质量、效率关系示意图

一家生产耳机的工厂，为了增加产量，提升员工的生产效率，规定员工每生产1副耳机加10分，每个人一天要生产10副耳机。生产数量超出5副，每副加20分；超出10副，每副加30分；超出15副，每副加50分。

以前平均一天一个人生产10副耳机，现在员工为了争取拿到更多积分，加速生产，工作效率大大提高，每人日均至少能生产18副耳机。

3. 按项目或事件计算

（1）按项目计算。

这种计算方式一般适用于多个人完成一个项目或整个生产订单，并根据整个项目或订单金额的价值评估总积分，再按照完成任务的大小、轻重程度制定分配占比。如技术部开发ERP系统，该项目参与人员包括负责人、开发工程师、设计师、系统维护员等。

负责人可根据每个岗位负责的任务多少，设置积分占比，可从时间、效率、质量三个维度进行考核评分。

完成ERP开发项目总积分10000分：

①负责人占比30%：负责统筹项目、人员分工、跟进监督检查，保质保量完成加3000分。

②开发工程师占比30%：负责软件的程序开发，保质保量完成加3000分。

③设计师占比20%：负责页面设计、图片处理，保质保量完成加2000分。

④系统维护员占比20%：负责系统的维护与验收，保质保量完成加2000分。

从项目实施到完工，负责人可根据时间、质量、效率三个维度考评结果。假定开发工程师在实施时出错2次，最终考评是95%，那么他的得分是2850分；如果是保质保量完成任务，那么他的得分是3000分。

（2）按事件计算。

员工为公司提出一个有效建议，加5分；提出的建议被公司采纳，加50分；为公司推荐1个人才，加500分，被推荐人转正后再加500分；推荐1个技术人才，加1000分，被推荐人转正后再加1000分。公司的临时性事件很多，可根据实际情况设置积分规则。

4. 按目标增量计算

某公司为了增强员工创造更高业绩的动力，保持业绩上升的趋势，制定销售员月度业绩目标为50万元。超出目标，增长1万元以上奖励200分，增长5万元以上奖励500分，增长10万元以上奖励1500分，增长20万元以上奖励3000分。

①个人业绩增量排名第一，加1000分。

②个人业绩增量排名第二，加500分。

③个人业绩增量排名第三，加100分。

5. 按时间计算

有些工作比较难量化，则可通过时间来量化。比如某部门员工要外出学习培训，按天来计算分数，一天的工作分是80分；外出参加学习，一个小时加10分；学习回来分享，额外加20分；学习回来不分享，扣50分。

6. 按承包制计算

有些岗位的工作目标不能量化计算时，我们可以设定一个固定积分，让员工承包完成，达标就加分；不达标就扣分。比如卫生工作，可对公司划分区域，让不同的人负责不同区域的卫生工作，每月完成即可加分。而积分规则可以这样设置：负责技术部区域卫生工作，承包每月加300分；每发现一处不干净，扣5分；月度清洁工作评优达标，额外加100分。

又如财务部日常工作是保管财务章、公章，这项工作是无法量化的，可以承包给财务人员，由他们负责保管工作，每月加500分；领用漏登记一次扣100分；保管不善扣1000分。

（三）设置积分规则的技巧

1. 找出岗位考核指标

制定岗位职责量化表。因为每个不同的职能岗位工作性质和职责不同，所以需要按岗位性质制定相应的积分规则。提取关键数据即可量化考核的关键指标；设置每个关键指标的权重，可通过时间、质量、效率来设置占比。

2. 找出关键结果——设置平衡点

找出每个员工完成这项工作的平衡点。比如员工每天平均生产100个水杯，有的员工生产了90个，而有的员工生产了110个，那么这项工作的平衡点就是100个水杯，超出平衡点额外奖分。

（四）设置积分负责人以及公司各个部门的积分规则——附实操案例

举例：公司要启动积分管理，积分负责人以及公司各个部门应如何制定积分规则呢？

我们可以把这项工作当成一个项目，对整个项目进行评估。员工完成整个项目，可加2000分。这个项目需要分阶段执行，见表3-1。公司各个部门的积分规则见表3-2～表3-9。

表3-1 积分负责人积分规则

关键指标	关键过程	关键结果	关键结果权重	衡量标准	积分
导入积分管理	1月，学习积分管理相关课程	1月，制定适合公司的积分管理实施落地方案、激励方法	40%	方案制定完成	800分
	5月，对制定的积分管理方案进行为期2个月的测试	5月，至少在5个部门中有效使用	30%	方案有效落实	600分
	6月，对整个积分管理的过程进行执行、检查、监督	6月，制定合适的积分管理执行方案并通过领导验收	30%	方案通过并验收	600分

表3-2 采购部积分规则

关键指标	关键过程	关键结果	权重	衡量标准	积分
产品采购	客户下单产品准确性达100%，保证及时发货	客户在16：30前下单，产品必须当天发货	60%	每天按时采购所需产品	30分/天
		客户在16：30后下单，产品在第二天12：00前发货（非标签类）		出现漏单未及时采购	–50分/次

（续表）

关键指标	关键过程	关键结果	权重	衡量标准	积分
产品采购	产品配件采购100%质量和时间保证	每月10日前购进产品所需配件	40%	浪费公司成本或采购的产品出现质量问题	-50分/次
				每周采购目标（质量/费用/交期）达标	100分/周
仓库管理	收货、发货保证数量、规格一致	每天检验货物情况，记录反馈，提交报表	15%	每天完成检验货物情况，提交报表	10分/天
				返修（客户投诉）	-50分/次
	配料、产品入库	每周及时把配料供给部门生产，产品准确性和及时性达100%	70%	每周负责配料、产品入库	50分/周
				未及时完成或出错	-50分/次
	盘点，保证每月库存数据准确性	每月底前盘点所有产品（规格、数量）	15%	完成盘点	100分/月
		每月1日提交盘点报表		及时提交盘点报表	50分/月
		数据准确性达100%		数据出错	-50分/次
供应商	找优质供应商	多渠道寻找供应商，维护现有供应商关系	30%	每月负责维护现有供应商关系	500分/月
		每月至少找2家优质供应商	70%	找到1家优质供应商	200分/家
日记账/系统录入	记录日记账/当天收款、汇款单要在第二天下午下班前及时、准确录入系统	当天18：00前记录收支	50%	每天负责日记账并录入系统	10分/天
		准确性达100%	50%	未及时记录/录入或出错1次	-10分/次

（续表）

关键指标	关键过程	关键结果	权重	衡量标准	积分
报销和货款支付	款项审核及支付	按要求审核并及时支付	40%	完成报销、货款的支付	300分/月
				漏审核且损害公司利益	–（500～10000）分/次
		支付金额准确	60%	少付需及时补差额，每次多付及时联系对方处理	–100分/次
薪资核算	根据行政部提供的员工考勤及销售方案，计算出员工的工资及业务员的提成	每月15日前完成	50%	及时完成薪资核算	200分/月
				推迟1天完成	–50分/天
		准确性达100%	50%	薪资核算准确性达100%	200分/月
财务报表	每月5日前制定并提交财务报表	每月5日前完成	50%	及时提交财务报表	50分/份
		准确性达100%	50%	报表无出错，准确性达100%	50分/份
成本控制	开源节流，完成成本控制计划	6月前完成期间费用控制计划	100%	成本节约：为公司节约每100元成本，加2分	2分/100元
				浪费成本：浪费公司成本每100元扣2分	

表3-3　人力资源部积分规则

关键指标	关键过程	关键结果	权重	衡量标准	积分
招聘	1. 制定招聘计划 2. 选择合适的招聘渠道：现场招聘、网上招聘、推荐 3. 组织面试（笔试、上机操作、部门负责人面谈）	每天寻找20条有效人才信息	30%	每邀约1个客服文员来面试	10分/人
				每邀约1个技术人才来面试	20分/人
		筛选合适人才、优质人才入职，月度目标招10个销售人员、2个技术人才	70%	每入职1个销售人员	100分/人
				每入职1个技术人才	200分/人
				每1个新人通过试用期	50分/人

（续表）

关键指标	关键过程	关键结果	权重	衡量标准	积分
员工培训	1. 制定培训计划 2. 组织员工参与企业文化与制度培训，并考核评估 3. 新员工培训	1. 每月开展2次内训，考核通过率达80% 2. 每月开展1次新员工培训	30%	每组织1次培训	50分/次
			70%	员工考核通过率低于80%	–100分
				员工考核通过率达80%	350分
				员工考核通过率达90%	450分
				员工考核通过率在95%以上	550分
绩效管理	拟定绩效考核的指标和制度	每月完成《提成奖金分配激励方案》，获得通过并实施	40%	完成《提成奖金分配激励方案》，获得通过并实施	500分
	组织绩效考核并对考核结果进行分析反馈	检查、监督员工行为与工作表现，分析并反馈问题	60%	对员工违规行为多次未能指出引导改正，累计加倍扣分	–50分
员工关系	组织活动、关注员工、完善社保福利	团建活动月度1次	10%	完成团建活动策划与组织	50分/次
				未按要求组织团建活动	–200分
		社保工作月度处理统计、增减员	90%	月度负责操作社保管理	450分/月
				延迟操作社保增减员（造成严重损失，损失金额由个人承担）	–（50~1000）分/次

（续表）

关键指标	关键过程	关键结果	权重	衡量标准	积分
员工档案管理	员工入离职办理、异动处理，档案归档	每个手续在3天内完成办理	90%	完成每个员工入离职、异动手续	20分/个
				超过3天内办理的手续	–30分/个
	劳动合同的签订	员工入职1个月内必须签订劳动合同（且员工通过考核）	10%	签订1份劳动合同	20分/份
				超过1个月签订劳动合同	–500分/次

表3–4　研发中心积分规则

关键指标	关键过程	关键结果	权重	衡量标准	积分
产品开发	制定研发计划，制定方案、图纸技术文件、说明书	及时完成2个项目	45%	按规定完成研发计划制定，制定方案、图纸技术文件、说明书	3000分/个
		通过评审或审核	50%	项目通过评审或审核	5000分/个
				每提前1天完成	100分/天
				每延迟1天完成	–100分/天
	提出具有建设性的建议和意见	提出建设性建议	5%	提出1个建设性建议并被采纳	20分/个
高新技术企业项目	制定方案并提交	月目标：及时完成1个方案制定与提交	50%	制定高新技术企业项目方案	100分/个
				项目方案通过评审或审核	300分/个
		通过评审或审核	50%	每提前1天完成	50分/天
				每延迟1天完成	–50分/天
专利编写	完成专利编写	1年内申请2个专利	50%	完成1个专利编写	1000分/个
		专利申请通过	50%	专利申请成功	2000分/个

表3-5 技术部积分规则（一）

项目名称	项目开发		价值	10万元	项目总积分	10000分
工期	1个月内（截止时间：6月30日）		关键结果	及时，0返工，符合客户需求		
衡量标准					积分	
1	如期完成项目				10000分	
2	一次性通过，符合客户需求（团队奖励）				1000分（额外奖励）	
3	每提前1天完成（团队奖励）				100分/天（额外奖励）	
4	每推迟1天完成				-100分/天	
5	返工1次（质量不达标）				-1000分/次	
参与人	职位	分配工作内容			占比	积分
张××	技术经理	项目总策划、人员统筹			30%	3000分
李××	系统开发工程师	程序开发、维护			40%	4000分
陈××	前端开发工程师	前端设计			20%	2000分
王××	美工	图片设计			10%	1000分

表3-6 技术部积分规则（二）

人员分配 关键指标	关键过程	关键结果	权重	衡量标准	积分
职位： 技术经理 职责： 项目总统筹与策划 指标权重： 30%	项目策划：制定项目计划方案	方案符合需求，通过审核	40%	完成项目方案	500分
				一次性通过	500分
				完善修改，第二次通过	200分
	监督项目全过程及验收	7月20日交付客户	50%	7月20日交付客户	1000分
				0返工（额外奖励）	1000分
				返工1次	-500分/次
	团队贡献度	组织会议，协助团队解决问题	10%	团队不记名相互评分（90分以上）	500分
				团队不记名相互评分（80～90分）	200分
				团队不记名相互评分（80分以下）	按实际得分
				反馈1个问题或建议并被采纳	10分/个

（续表）

人员分配 关键指标	关键过程	关键结果	权重	衡量标准	积分
职位：系统开发工程师 职责：程序开发、维护 指标权重：40%	开发源代码	6月15日前完成第一阶段的需求	90%	完成每个阶段的需求	1000分
		6月30日前完成第二阶段的需求		一次性通过/阶段	500分
		7月15日前完成最后阶段的需求		每超时1天/阶段	−100分/天
	团队贡献度	参与会议，每天汇报工作，反馈问题	10%	团队不记名相互评分（90分以上）	500分
				团队不记名相互评分（80分～90分）	200分
				团队不记名相互评分（80分以下）	按实际得分
				反馈1个问题或建议并被采纳	10分/个
职位：前端开发工程师 职责：前端设计 指标权重：20%	完成前端框架	6月15日前完成前端框架（第一阶段）	90%	完成每个阶段的需求	1000分
		6月30日前完成前端框架（第二阶段）		一次性通过/阶段	500分
				每超时1天/阶段	−100分/天
	团队贡献度	参与会议，每天汇报工作，反馈问题	10%	团队不记名相互评分（90分以上）	500分
				团队不记名相互评分（80～90分）	200分
				团队不记名相互评分（80分以下）	按实际得分
				反馈1个问题或建议并被采纳	10分/个

（续表）

人员分配 关键指标	关键过程	关键结果	权重	衡量标准	积分
职位：美工 职责：图片设计 指标权重：10%	设计图片通过率	6月20日前完成30张图片的设计	90%	设计1张图片	30分/张
				图片通过率80%以上	500分
	团队贡献度	参与会议，每天汇报工作，反馈问题	10%	团队不记名相互评分（90分以上）	500分
				团队不记名相互评分（80～90分）	200分
				团队不记名相互评分（80分以下）	按实际得分
				反馈1个问题或建议并被采纳	10分/个

表3-7　营销部积分规则

关键指标	关键过程	关键结果	权重	衡量标准	积分
排名关键词优化	发外链、更新网站信息	保量完成每日工作	50%	每天按要求完成绩效表、量化表	30分/天
		关键词排名第1页	50%	关键词排名第1页，每个网站最低保证5个关键词排在首页（月）	1000分/个（个·月）
B2B自然搜索排名	每天在20个B2B网站上发布产品信息	发布的信息至少被百度收录10篇	100%	每天按要求完成绩效表、量化表	30分/天
				百度收录少于10篇，每少1篇	–5分/篇
				百度收录多于10篇，每多1篇	10分/篇

（续表）

关键指标	关键过程	关键结果	权重	衡量标准	积分
网站维护	数量、阅读量	一个网站发布2～3个案例（新闻–原创），图片处理5张/周	60%	每周按要求完成网站维护工作	20分/周
		阅读量达100～150次	40%	文章阅读量达100～150次	10分/篇
微信推广	每月发布4篇原创文章	每个公众号每月发布4篇原创文章	10%	每发布1篇	20分/篇
	粉丝量	月度粉丝量增长	30%	粉丝量每月增加1000个	1000分
	文章点击量	每篇文章点击量	30%	每篇文章点击量大于1000	100分
	微信咨询量	每月达到50个	30%	达到50个，加500分；每超出1个加20分	500分以上
转化率	降低预算，提高搜索转化量	增长率	20%	月度转化率增长	250分/月
		降低竞价成本	20%	月度经费下降	250分/月
	获得询盘客户	询盘客户至少100个/月	30%	月度目标询盘客户100个，每获得1个询盘客户加15分	15分/个
				超出目标询盘客户100个，每超出1个加20分	20分/个
	成交	成交业绩3万元	30%	业绩达标	500分/月
				业绩达标，每超1万元加100分	100分/万元

表3-8　业务部积分规则

关键指标	关键过程	关键结果	权重	衡量标准	积分
维护老客户	电话、QQ、微信、上门拜访等	回访老客户20个	20%	每周回访老客户20个	100分/周
	老客户销售额	增加单量大于1千	80%	每增加1千单量	50分/千
		转介绍大于1个		转介绍1个	300分/个
		客户0丢失		丢失1个客户	-1000分/个
自我营销	每天微信增加1个朋友；每周必须群发1条信息；每天朋友圈发布1条信息	按标准完成	100%	每天按要求完成加2分	2分/天
				每周完成群发1条	5分/周
开发新客户	电话量50个/天，拜访1个/天（每天检查）	每天工作量达标	20%	每天按要求完成	10分/天
		潜在客户数量20个	20%	获得1个潜在客户	10分/个
	成交业绩	业绩目标38万元	60%	完成业绩目标38万元	800分
回款	及时、准确	回款率100%	100%	月度负责催款工作	50分/月
				回款率100%	100分/月
周总结	每周五22：00前汇报	按要求汇报	30%	按要求完成周总结	5分/周
月总结	每月最后1天前汇报		20%	按要求完成月总结	10分/月
日汇报	每天22：00前汇报		50%	每天按要求完成工作汇报	5分/天

表3-9 客服部积分规则

关键指标	关键过程	关键结果	权重	衡量标准	
				具体内容	积分
回复客户及时性	解决、处理客户咨询的问题	客服QQ在30分钟内回复客户咨询内容	70%	每天解决客户问题，回复客户咨询内容	30分/天
				超过30分钟回复	–10分/次
	远程指导操作，提升客户对产品的熟悉程度	8月完成指导2个客户操作产品后台	30%	指导1个客户完成产品后台操作	100分
跟进货期	产品检查、跟进生产部门进度，与客户沟通	提出有效建议（每月3条）	20%	提出1个有效建议并被采纳	30分/个
	月度跟进3张订单情况	7月20日交付A类产品给A公司	40%	及时交货	500分/张
		8月30日交付B类产品给B公司	40%	货期延误	–50分/天
老客户回访	通过电话回访老客户，将跟进情况录入CRM系统	每月达到100个	50%	每回访1个老客户	4分/个
	客户转介绍	客户转介绍，每月至少1个	50%	每出单业绩1万元	1000分/万元
客户满意度	月内收回20张客户满意度调查表	提升服务质量	100%	每收回1张客户满意度调查表	10分/张
				获得1个客户转介绍信息，额外奖励	20分/个
				遭到客户投诉，按轻重程度	–（50～1000分）/次

四、企业倍增的设计技巧

（一）积分管理的实施流程

积分管理的实施流程如图3-6所示。

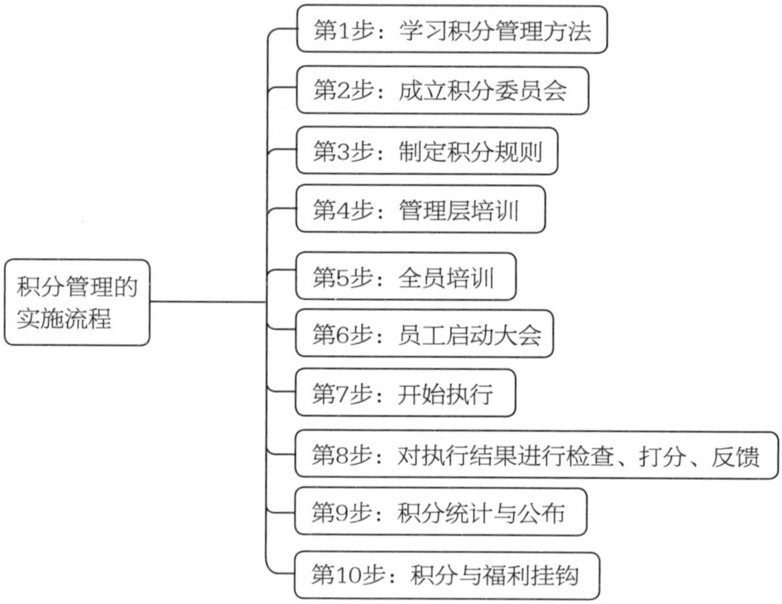

图3-6　积分管理实施流程

（二）实施积分管理的关键点

1. 要与员工的福利待遇挂钩

人们为什么要挣钱？因为钱有用。员工为什么挣积分？因为积分有用。所以积分一定要与员工的福利待遇挂钩，不然就失去了它的意义。

员工的福利待遇包括奖金、旅游、涨工资、奖房、奖车等，不同公司会设置不同的福利待遇。以前逢年过节，企业就会给所有员工发物品，但员工觉得这本来就是属于自己的。传统的分配方式在很大程度上抑制了员工的积极性，而积分管理是在不改变员工福利待遇标准的情况下，换了一种分配方式，以积分的排名来决定占有福利待遇的份额。

比如说最常见的公司旅游，设置国外游、国内游和省内游三种形式，积分最高的人有机会出国旅游，听上去就很有诱惑力。发奖金也是一样的，表现越优秀的人，积分越高，到了年底，奖金就会越多。这就让员工在工作中有一个奔头，大大地提升了员工的工作积极性。

又如，华为公司在政府的支持下搬到了东莞，在东莞松山湖建了多套福利房。目前还不能做到给每个员工都分房，那这些房怎么分配比较合理呢？假设第一期交房1000套，那这1000套房就分配给积分排名前1000名的员工；第1001名哪怕只差一分，也享受不到分房的福利，这就是积分的价值与意义所在。

2. 积分要永远有效

积分录入个人账户之后，只要员工不离开公司，积分终身有效，使用后不清零，多次重复使用后不作废。实行积分管理以后，员工的积分越高，说明他对公司的贡献越大，在公司的地位就越高，自我成就感就越强。随着积分的不断积累，员工的精神需求得到了满足，在工作中找到了归属感，从而更加关注自己的积分，这就解决了企业员工管理难的问题。

谈到这里，或许有很多人存有疑惑：入职早的员工是不是积分较高呢？后面入职的员工是不是积分较低呢？其实积分可以按年、按季度、按月进行阶段排名。

3. 一定要用软件来完成

为什么要强调用软件来完成？

（1）积分讲究的是及时性。所谓及时性，是指员工通过钉钉或者是企业微信等途径可以随时随地接收和查看积分奖扣信息。

（2）方便数据的统计。积分录入系统后，系统能自动按分类、按时间、按部门、按员工进行排名。

（3）方便数据的录入。传统的数据记录只建立于文档表格中，录入人员的工作量大，容易出现错漏。依靠软件可做到一键导入数据，通过手机就可以进行奖扣，且系统自动计算数据不容易出错。

（4）方便管理者与员工随时随地查看数据。员工与管理者可以实时在线查看积分排名，员工既可以看到自己的积分，也能看到别人的积分，保证最大限度地实现竞争环境公平、透明。

（5）方便员工申请积分，提升管理的效率。员工为了挣积分，主动完成工作，并通过系统自主申请积分，管理者及时接收信息，奖励努力工作的员工，提升员工的工作积极性。

4. 不要有怕麻烦的思想

很多老板不想把积分管理导入企业中，是因为怕麻烦。请记住：任何一种管理方法，都有它的流程和标准，都需要按流程和标准执行。积分管理相较于其他管理方法而言，属于一种简单的方法，它只需要制定标准、录入数据、统计结果。不管做什么事情，都要有不怕麻烦的思想，管理也是如此。

5. 积分管理要全程透明

积分管理讲究公平、公开、透明，员工可以实时查看积分排名，能及时发现问题，及时监督。

6. 月度评估跟进、季度评估调整

积分在使用过程中起到了监督管理的作用，员工这个月工作做得怎样、完成得如何，积分都能反馈出来。管理者可改变积分的比重，引导员工在重要工作上多下功夫，实时跟进工作进度并进行反馈。

7. 需要有录分专员

积分规则是由企业老板和管理者共同讨论，并在现有的制度基础上制定的。作为录分专员，需要把积分规则、积分事件录入系统。如果公司人数在500人以下，可以考虑让文员完成积分录入的工作；若公司人数在500人以上，则需要考虑请专职人员负责积分管理工作。

8. 积分的使用

企业在导入积分管理之后，老板一定要清楚该怎么使用积分。

（1）早会使用。这主要是用来表扬表现突出的员工，警告或提醒前一天工作没有做好的员工。这是对前一天工作的总结和反馈，也可提升员工对新一天工作的积极性，树立管理者的权威。比如，很多公司都有“打鼓文化”，表现优秀的员工可以打三下鼓，前一天积分高的人才有资格打鼓。

（2）当月使用。月度优秀员工怎么评？看积分、看积分排名。

（3）涨工资时使用。涨工资是每个员工期待的事情，也是令每个老板烦恼的事情。涨多少，怎么涨，都没有标准。通过积分，企业可以设定涨工资的等级，如员工积分每达到10000分，就有一次涨工资的机会。涨工资也可以依据积分排名，积分排名靠前的员工才有机会涨工资。

（4）选人才时使用。

（5）评先进时使用。

（6）评最佳新人奖时使用。

（7）选合伙人时使用。

（8）年底使用。具体方式有八种：国内旅游、国外旅游、年终奖励、换手机、春节发放物资、发放车补、配发干股、带薪假补助。

（9）留人时使用。具体请参考第四章第十节的内容。

（10）未来的计划。具体计划有三种：两年后开分公司、五年后买车、十年后买房。

在公司不同的发展时期，制定不同的福利待遇来激发员工的积极性。这没有固定的标准，需要老板在使用的过程中开发各种各样的激励措施。

9. 月度快乐会议

企业实施积分管理，每月召开一次全体员工快乐大会，是必须坚持的月度流程。

（1）举行时间与内容。

每月月底前发文并公布快乐会议举行时间，要求各部门准备文艺节目表演，参加文艺节目表演的，每人加50分。公开招募快乐大会总负责人、快乐大会主持人、文艺节目表演总负责人，每人加100分。在每月2—5号举行快乐会议，对上月积分管理进行总结表彰。员工和管理者均要表演文艺节目，全体员工用红色奖票投票、抽奖，抽取积分兑换物质奖励。

（2）会场布置。

快乐会议横幅、背景喷绘、音响、灯光、投票摸奖箱。

（3）设置奖励。

设置300元、200元、100元现金红包各2～3个，以及饮料、食用油、洗发液、牙膏、牙刷、毛巾、床单、半天带薪休假等其他奖励。百人企业建议设25～30个奖项。

（4）会议流程。

①全体点名（迟到-50分、缺席-200分、早退-100分）。

②公布上月全体员工总分前5名、各组前1—2名，分别上台领奖（小型物品奖励）。

③文艺节目表演开始，一般以快乐舞蹈开场，随后各组表演节目，中间可穿插其他类型的节目，如当月有员工过生日可送花、唱生日歌，节目数量以4个为宜。

④全体员工奖票抽奖。

a. 将红色奖票对折，投入抽奖箱。

b. 随机请一位员工上台，从抽奖箱中抽出25～30名幸运员工上台，给他们发25～30个抽奖号。

c. 将奖票全部清出，再将奖票小红包放入抽奖箱。小红包外表一样，内部放奖项小纸条，小纸条上面清楚打印各项奖励，如现金、物质奖等。

d. 主持人报号，请台上员工持号上前。

抽奖方式：第一种：快乐摇奖盘，摇奖分；第二种：到抽奖箱摸奖，摸出小红包，主持人宣读奖项名称，物质奖由主持人当场发放，现金奖由财务当场发放。

⑤企业领导简单讲话，最后主持人带领全体员工呼喊企业口号，宣布会议结束。

04

如何扫除企业倍增遇到的一切障碍

一、如何建设良好的企业文化

思考：

（一）你是否很苦恼，为什么优秀员工别人一挖就走？

（二）在墙上贴了标语，每个员工都能背出公司口号，为什么员工还是没有凝聚力？

企业文化是企业的无形资产，是企业的灵魂，是推动企业发展的不竭动力，其核心是企业的精神和价值观。

如何打造良好的企业文化？

我们在落地企业时，发现一些企业在墙上贴满了团队的合照、公司发展的历程和励志的标语，看上去很激励人心。但奇怪的是，该做的都做了，为什么企业文化还没有建设起来呢？很多老板以为在墙上贴满正能量的标语、照片就是建立了企业文化，其实不然。实际上，建设企业文化有流程和标准，执行过程中还有方案，很多管理者对于文化的概念还不是很清楚。

企业想要长久，最重要的是建设良好的企业文化。如果企业只想赚点小钱，并不考虑长远发展，那么这样的企业可以不重视企业文化。**但是如果企业想要做大、做强、做久，就必须依靠企业文化。**

有很多老板反馈，企业文化太难建设了。为什么今天企业文化这么难建设？想必每位企业家都有很多感悟。现代社会信息发达、资讯量大，要想统一思想是难上加难。员工每天从各种渠道接收很多信息，这些信息既有正面的，也有负面的，有些员工在潜意识里无法分清对错，导致企业文化特别难建设起来。

企业使命是制定符合自身发展的顶层战略。顶层战略做不好，员工就会很迷茫，不知道该做什么，所以企业使命决定了它要做成什么样的企业。如微软的企业使命，就是让所有家庭的桌子上都有一台计算机。这个想法在以前是不切实际的，但是现在呢？几乎每家每户都拥有一台甚至多台计算机。这就是微软实现的企业使命。

愿景是什么？愿景是企业能够达成的目标，比如企业的三年或五年计划、企业要存活多少年、要做到多大规模等。愿景不需要太多，但一定是全员共同努力且能够达到的目标。一个企业想要做大、做强，就必须要有使命和愿景，树立好方向，企业和员工站在同一战线上一起前进。

企业文化建设得好不好由老板决定，取决于老板是否重视企业文化建设。企业文化反映的是老板内心想要把企业带到什么地方去。

建设好企业文化，意味着团队要有凝聚力、员工要有驱动力。企业文化是企业的灵魂，有灵魂的企业可以在竞争激烈的时代存活百年，甚至是千年。而没有灵魂的企业，可能在前几年顺风顺水，赚到一些钱，但这样的企业往往走不远。因为有使命的企业有清晰的目标和发展方向，没有使命的企业，员工动力不足，老板也会迷失方向，所以我们见到一些老板经常换行业，无法长期坚持下去。如果在一个行业里只待两三年就干不下去了，这样的企业很难走得远，也很难赚到钱。

我们在服务企业的时候经常会遇到这样的问题——员工没有方向，不知道要去哪里，也不知道目标在哪里，很迷茫。迷茫是因为心中没有目标，人的思想没有达成统一，团队便很难做到团结。

企业想要做好文化建设，首先要做到思想统一。要将企业的使命和愿景灌输给员工，就像大家一看到升国旗就自然而然地唱国歌一样。靠员工自觉践行企业使命和愿景基本上不太现实，所以在创建前期企业文化一定是要对员工进行考核的，那么到底要怎么考核？

比如员工受到客户表扬，那么就可以给员工加20分；每个企业都在倡导客户第一的企业文化，当员工及时给客户解决问题，受到客户表扬时，要给员工加分；员工提前做完工作或者是临时加班，也要给予加分。相反，如果员工有抱怨、说公司坏话的行为，则酌情扣分；交代的事情员工没完成、完成态度不好的，也要相应地扣分。

团队精神的保持状态也需考核。比如团队中每天工作状态最好的前三名，第一名加20分，第二名加10分，第三名加5分，其他员工则不加分。若员工今天的工作量、业绩量超过了昨天，就会得到5~50分的加分。而抱怨、不认真做事的人，第一次扣2分，第二次扣4分，第三次扣8分……积分的激励，能在员工灵魂深处快速产生强大的驱动力，引导员工形成良好的行为习惯和树立正确的价值观。在这个过程中，员工也会更加理解、认同企业文化，和企业融为一体，对企业产生强烈的归属感，从而加速企业发展。

企业文化建设一定要全员参与，让员工有意识地使企业目标与个人目标达成一致，与企业站在同一战线上，这样有利于激发员工强烈的使命感、荣誉感和责任感，从而形成优秀的企业文化。

企业文化思维导图见图4-1。

二、如何提高员工的执行力

思考：

（一）辛苦地制定周全的实施计划、明确的月度目标和年度目标，但是因为员工执行力不强，导致计划无法实施，订单无法按时完成。如果用0～100分来打分，你会给员工的执行力打多少分呢？

（二）你是否在苦苦地寻找各种各样的方法来提升员工的执行力，但是结果总不是你想要的？

执行力是有结果的行动。执行力包括工作态度和工作能力，根据我们对多家企业落地经验的总结，态度比能力更重要。很多时候任务不能完成是员工的不端正态度、不良行为、拖拉、不负责任等造成的。

执行力是企业生存之道。实现企业的使命、愿景、目标，管理者必须要有超强的执行力。我们在落地企业的过程中，发现90%以上的企业管理难的原因是员工执行力不强，管理者不敢扣钱、不敢惩罚员工、不作为等。另外，员工的不良行为并不违法，法律管不了，道德约束不了。虽然**不良行为都是小事情，但这些小事情导致团队散漫，规章制度不能落实。**

我们落地了一家做红木家具的企业，这家企业有很多连锁店，投资一家红木家具店要上千万元。这家企业高薪聘请了一名店长，制定了各种门店规章制度。其中有一条，要求所有员工上班必须穿工服，如有违反，向慈善机

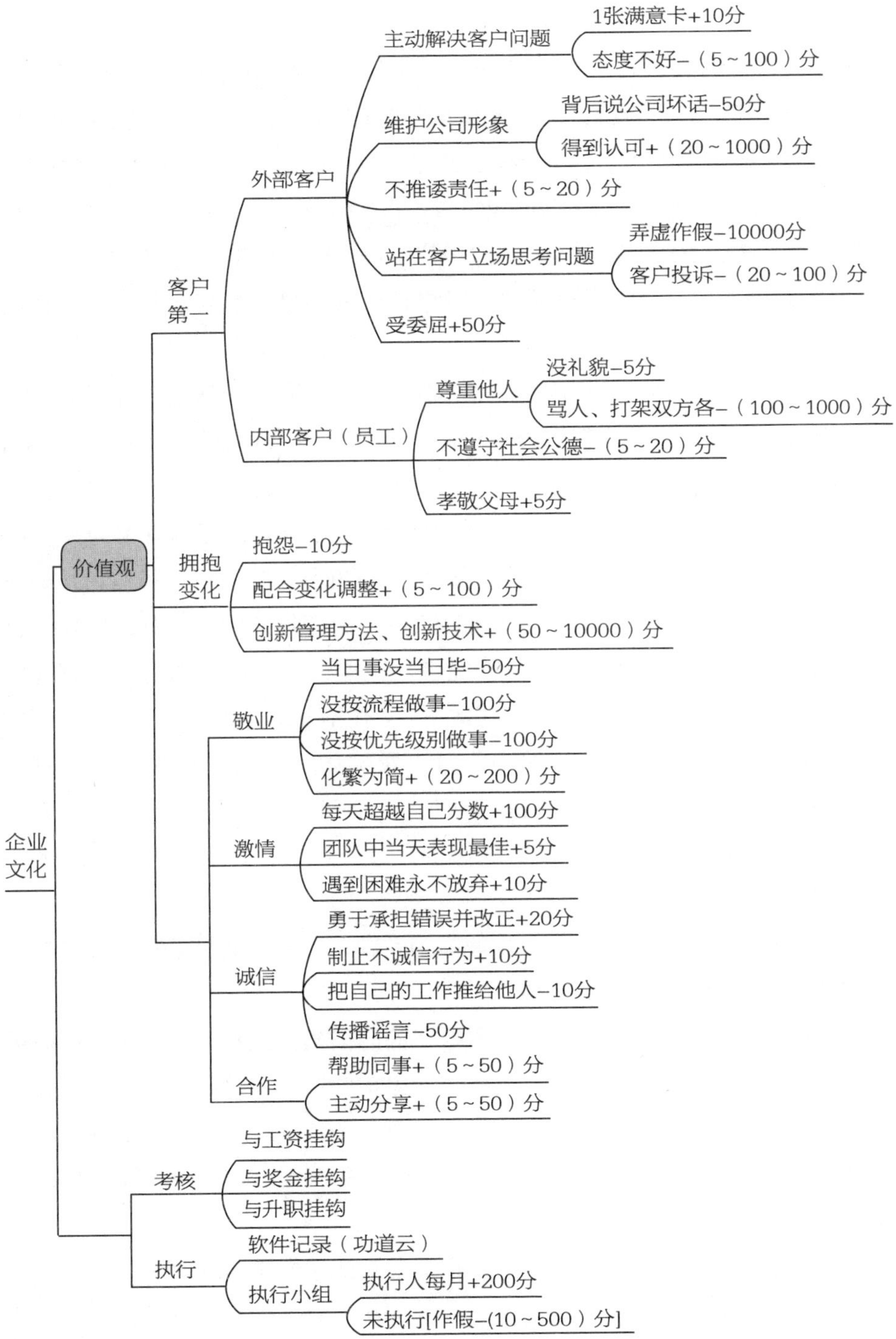

图4–1 企业文化思维导图

构捐20元。然而有一天，这名店长没有穿工服，老板娘就责问店长为什么没有穿工服上班。店长解释，因为他是从外地直接赶到公司，所以没来得及回家换工服。按规章制度，这名店长应该捐出20元。假如你是企业的管理者，你是否会让该名店长为此次的错误负责，捐出20元呢？不捐，公司规章制度无法执行；捐，又怕得罪这名店长，因为店长是这个店的核心人物，不穿工服就被要求捐出20元，很没面子。最终老板娘还是让这名店长依照规章制度，捐了20元。

当天下午，这名店长提出辞职，辞职原因很简单，一天不穿工服对这个店也没有什么损失，他觉得老板娘让他捐20元是不给他面子。我们在落地管理的时候，老板娘说起这事还哭了。

然而，这并非个例。有一位工厂老板因为订单问题而召开紧急生产会议，他已经提前半小时通知相关部门做好会议准备工作，督促管理者按时开会，然而准时到会的只有老板，其他管理者有迟到5分钟的，有迟到10分钟的，老板则在会议室等待迟到的管理者。这样的企业执行力怎么会好呢？最可悲的是，老板不敢按规章制度执行惩罚措施，连说都不敢说，还要向管理者说好话。在开会过程中，有人看微信、有人手机响。本来开会就是为了讨论出解决问题的方案，但一个小时下来，只有老板一个人在会议上滔滔不绝，管理者们却沉默不语。会开完了，老板并没有得到解决问题的结果。

现在不少企业存在招人难、管理难的问题，老板不敢轻易辞退员工，传统的管理方法面临着巨大的挑战。

还有些企业存在这样的怪象：**老板在的时候员工积极，老板不在的时候员工散漫**。以一家做餐饮的客户为例，大家都知道，用餐时间会有大量客人进入店内，此时店里会特别忙。但奇怪的是，不管多忙，只要老板娘在，饭店就一切正常；一旦老板娘离开，饭店就乱成一团。这种现象让老板娘很头痛。

一旦老板娘退休了，这个店是不是就要关闭了？老板娘因长期工作导致身体不好，又因忙于工作，连去医院的时间都没有。这些糟糕的情况都是执行力不足造成的。

什么是真正的执行力呢？

真正的执行力是员工的自觉、自律。不管老板在或不在，员工对工作的态度都应该是一样的，以最严格的标准来要求自己。同时，员工也要为自己所做的事承担相应的责任，懂得为自己的行为负责。

真正的执行力是员工认真细心的工作态度。把做好工作当成是义不容辞的责任，而非负担，须认真对待，注重细节，发现并主动去解决问题。

真正的执行力是员工诚信的品格。敢于负责，对工作高度投入，对工作执着，有坚持到底的勇气，敢于创新，不断进取。

真正的执行力是员工之间高度凝聚的团队精神。公司的员工相互信任，相互欣赏。要主动帮助同事，无私奉献，愿意为公司或同事付出额外的劳动力。

但有些老板经常感到自己的好想法不能实现，认为执行力差只是员工的能力和态度问题。**事实上，执行力差是现象，管理不善才是本质。**

我们可以这样认为：个别员工执行力差是能力的问题，公司整体执行力差就是管理的问题。面对残酷的市场竞争，企业不仅需要高素质的人才，更需要能够坚持执行企业目标并取得显著业绩的执行者。没有执行力，一切都是纸上谈兵，很多企业不是没有规章制度，也不是没有计划，更不是没有战略目标，而是缺乏执行力。

现在大多数企业都是通过以下方法来提高员工的执行力，但效果却不尽如人意：企业制定了一项满足绝大多数人利益需求的制度，所以刚开始执行时效果很好，但是时间一长，员工出现意见分歧，效果就不好了。

对于员工的绩效考核，很多工厂实行“计件”考核方法，鼓励员工多劳多得。结果产量是上去了，产品质量却下降了。

从前，我们公司组织员工爬山、做义工等活动，是没有人愿意去的，因为他们去了没有什么好处，不去也没有什么坏处。

于是，我们尝试用积分管理改变这种情况：在山脚下点名，凡参加爬山的人都会奖励50分，不参加的人则没有奖分，之后每次有这样的活动大家都踊跃参加。有些员工到了山脚就不想上山了，我们又规定，到山顶的人都可以奖励20分。同时，前三名到达山顶的男员工分别奖励

30分、20分、10分，前三名到达山顶的女员工分别奖励50分、30分、20分。

作为企业管理者，如果爬山这个活动不用积分管理，你会怎么做呢？

利用积分管理，为每个管理人员都规定了奖分和扣分任务。在这当中，责、权、利非常明确，要求每个管理者以公司的利益为重，随时发现公司的各种问题，并给予奖分和扣分；如果没有完成奖扣分任务，管理者本人的积分就要受到相应的影响，这可大大提高员工的执行力。

三、如何增强员工的服务意识

思考：

（一）如果服务好，你的企业的订单有没有可能增长20%？你有没有订单是因为服务的问题而受到影响？

（二）你认为怎么做才能让你的企业服务做得更好？

今天所有企业都意识到了服务的重要性，特别是服务行业，比如酒店、餐饮店、培训机构、美容美发店等，甚至连银行、政府部门都开始重视服务。我们身边的海尔、星巴克、海底捞等知名企业，除了重视产品质量之外，还十分注重服务，把**服务当作一种使命、一种责任**，良好的服务让企业在市场竞争中脱颖而出，立于不败之地。

随着时代的变化、社会的发展，人们的观念正在转变，对服务的要求不断提高。正所谓，好事不出门，坏事传千里。现在信息传播速度快，一个小的服务问题有可能传播到不同的平台，继而持续发酵，导致一家企业遭受重大损失。为什么今天的服务这么难做？原因是人们的心态发生了变化，压力越来越大，遇到一点点不顺心的事情就容易发火，所以对服务人员的要求就更高了。

一杯水的故事：

有一家速食店，地处闹市，生意兴隆。

有一天，一位年轻的女子抱着一个婴儿来到店里，因为孩子口渴，她想给孩子买点喝的。不过，店里都是可乐、雪碧之类的冷饮，实在不适合婴儿。

于是，她试探地问服务员："你好，能给我一杯水吗？"服务员以没有杯子为由拒绝了她的要求。

由于孩子渴得厉害，年轻女子甚至恳求服务员给孩子一杯水，但是服务员并没有理睬她，而是忙着照看店里的生意，接待下一位顾客。

这名女子回家后，就和邻居聊起了当天的事情。听了她的遭遇，邻居很气愤，表示自己以后再也不去那家店了。

刚好邻居是一位中学老师，他在讲课的时候偶然和学生提到了这件事，不少学生回家后，又和家人说起这件事，渐渐地，大家对那家店的评价都不太好了。

速食店依旧天天开门，迎接四方来客。但是情况和以前不太一样：以前，店里几乎是日日爆满，可现在呢，很少有顾客光临，偶尔有人光顾，也是买了东西就走，很少在店里坐一坐。店里的座位，大多都是空着的，整个餐厅看上去冷冷清清。

为了改善营业状况，速食店推出不少新措施：有奖就餐、套餐打折、赠送礼品……但这些活动，只能在短时间内聚拢人气，过不了多久，店里便冷清依旧。

渐渐地，又有不少餐厅进驻闹市，在速食店的附近，多了水饺店、面条店、豆浆店……速食店的生意，每况愈下。

终于有一天，速食店黯然关了门。当店里的员工收拾东西离去时，他们谁都没有想到，这个不幸的结局，始于一杯水的冷漠。

一杯水，竟然导致一家原本生意兴隆的店最终关门，说来难以让人相信。但谁又能忽视这一杯水的力量呢？谁又敢忽视服务的力量呢？

这个故事反映了服务对一家企业的重要性。

那么员工具备好的服务意识，会给公司的发展带来哪些影响？

好的服务意识会增强企业的竞争优势，在同等条件下，客户会优先选择服务好的企业。好的服务无疑是企业的无形资产，为企业留住老客户，发展更多的新客户。

而淡漠的服务所产生的结果是企业信誉的缺失、企业解雇员工……服务意识必须存在于我们每个人的思想认识中，只有大家提高了对服务的重视程度，才能激发我们在服务过程中的主观能动性，使提高服务质量成为一种本能和习惯。

员工良好的服务源于企业中优秀的服务理念、团队意识和文化。它可以升华顾客在消费中的感受，更能为企业赢得常青的资本。

现在企业收到的投诉中，一部分是因为员工服务态度不好。尤其是一些服务行业，若被客户投诉服务态度不好，会影响公司的声誉和形象，甚至还会给公司带来不同程度的经济损失。有些公司想了很多方法去增强员工的服务意识，但没有解决根本性的问题。

每个员工的言行举止都代表着公司的形象，员工拥有好的服务意识会提高公司的美誉度，也会促进公司的发展。

我们公司在没有实行积分管理之前，也存在一些员工服务态度不好的现象。实行积分管理后，凡是受到客户表扬的员工，可得到20分；因个别客户有意为难而受了委屈的员工，还可以向公司申请委屈补助。

另外，公司还提倡员工主动找客户要满意卡。客户每填一张满意卡，员工可得到10分的积分奖励，以此来培养员工良好的行为习惯，提高员工的整体思想素质，自然而然，每个员工的服务意识就增强了。

案例：

有一家饭店面临以下5个问题：

1．饭点顾客多，人手不够，但是如果增加人手，只是在饭点有帮助，在其余时段则会出现人手饱和的问题。

2．员工的积极性不够，服务意识薄弱。这家饭店有40个员工，老板娘是一位50岁左右的妇女。老板娘在店里的时候，事情再多都可以顺利解决，老板娘不在就会有很多问题。奇怪的是，即便老板娘在店里不做事，只是坐在那里，饭店还是一切正常。

3．做菜的师傅爱计较。饭店里面有炒菜师傅和蒸菜师傅，但各个师傅之间的配合度不够，即使没事做也不愿意相互帮忙。

4．点菜和上菜容易出错，有时把A桌的菜送到了B桌，导致顾客投诉。

5．上菜速度慢。

当时老板娘找到我们说："即使这家店有钱赚，我都不愿意开下去了，因为管理不到位让我力不从心。"我们对这家饭店进行调查，发现这家饭店的工资实行包月制，外加一个全勤奖，没有任何激励措施。

从工资结构上看，员工做得好与不好工资都一样，所以员工上班的时候看上去很懒散，有人玩微信，有人看视频，老板娘在的时候员工就收敛一些。

我们针对这样的情况设置了**分钱机制、PK机制，也开展了一些心态调整的工作**，当然，这些需要老板娘来配合。这家饭店的营业额比较稳定，每月营业额在80万元左右。我们给员工做了心态调整之后，让每个员工每个月从工资里面拿出200元作为PK奖金，40个员工每个月就有8000元的PK奖金。同时，我们还设定了一个增量奖，当月业绩如果达到85万元，老板娘拿出5000元放到奖金池；当月业绩达到90万元，老板娘拿出1.2万元放到奖金池；当月业绩达到100万元，老板娘拿出2万元放到奖金池；当月业绩100万元以上，每增加1万元，老板娘追加1000元放到奖金池。当然，不同的店设置的标准是不一样的，如何设置使奖金池更加合理，我们在线下的课程中会详细讲解。奖金池来源及分配规则见表4-1和表4-2。

表4-1　奖金池来源

项目	人数	金额	总额
PK奖金	40人	200元	8000元
增量奖	业绩85万元奖5000元；业绩90万元奖1.2万元；业绩100万元奖2万元；业绩100万元以上的每增加1万元，追加奖励1000元		
节省成本	每节省100元，奖励30元		
人工成本	3个人干5个人的活，拿4个人的工资		

表4-2 奖金池分配规则

事项	奖分	扣分
得到客户的表扬	10分	
遭到客户投诉		-5分
每个服务员至少服务4桌	50分	
每增加1桌	20分	
自愿加班1小时	20分	
上错菜		-10分
没穿工服		-10分
上班最早的前3名	10、5、3分	
员工上班玩手机		-10分
迟到（半小时内）一次扣10分		-10分/次
请假1天		-50分/天

当月通过积分排名来分配奖金池里面的钱，最后一名或两名没有机会分到奖金。通过这个机制，在短短5个月之内，这家饭店原本由40个人干的事，35个人就干完了，并且淘汰了排名靠后的5名员工，为饭店节省了5个人的成本，从而增强了员工的服务意识。这家饭店使用了我们的管理方式后，营业额最终突破了100万元。

作业：

（一）你公司的员工服务态度的优缺点有哪些？

（二）怎么做才能改善员工的服务态度呢？

四、如何解决分配的问题

思考：

（一）如何做到公平公正地分配且实现激励最大化？

（二）你是否因为不知道如何分配年终奖而苦恼？

员工的福利分配，实质上是公司二次分配中员工可获得的利益。员工福利过低或过高，都会对企业的发展产生负面作用。**合作的本质是“分”，只有“分”得清楚，才能“合”得愉快。**企业之所以管理难，是因为不懂得和员工“分”，也就是不懂得和员工共享利益。很多时候员工不愿意帮助你，是因为你分得不够多或者分得不够爽快。

分配问题一解决，其他问题都会迎刃而解。别人不跟你合作——分配问题；下属离职——分配问题；执行力低——分配问题。你会发现所有问题都是分配的问题，把这个问题解决了，几乎所有的问题都能解决。

和尚分粥的故事

很久以前，寺庙里住着七个和尚，他们每天需要分食一盆粥，可是，粥每天都不够分。

开始的时候，他们决定通过抓阄来分粥，每人每周轮流一回。于是一周下来，他们七个人都感觉只有一天是吃饱的，那就是自己分粥的那天。

后来他们开始反思，决定推选出一位道德高尚的和尚来分粥，这看上去似乎更公平了，不过更严重的问题随之出现了。

强权产生了腐败。一开始，有一个和尚去讨好分粥者，分粥者给他多分了点粥。渐渐地，大家都开始挖空心思去讨好分粥者，贿赂分粥者，搞得整个寺庙乌烟瘴气，乱成一团。

接下来，他们又想到别的方法：组成三个人的分粥委员会和四个人的评选委员会。这个办法貌似很好，可是结果呢?

平静了一天后，他们就开始互相攻击，虽然粥是比以前分得均匀了，但到吃的时候都是凉的。难道就没有更好的解决方法吗?

最后，一个和尚想出来一个方法，他自告奋勇先来分粥。他的方法是什么呢？每个人轮流分粥，但分粥的人要等到其他人都挑完后，剩下的一碗才是自己的。

这样一来，为了不让自己吃到最少的那碗粥，每个和尚都尽量分得均匀，就算不均匀也只能认了。这个问题终于找到了合适的解决方法，寺庙生活终于平静下来。

没有不努力的员工，只有杀伤力不够的分配制度。

我们在落地的时候，发现很多企业老板在年底为如何分发年终奖而焦头烂额。分多少？如何分？到底是分还是不分？差别分配，如果没有标准，分多分少都不会有激励效果，还可能会有反作用。平均分配，对于工龄长、能力强、加班多的员工不公平。

有的老板甚至偷偷地给红包，给的时候跟员工说："你不要告诉其他人，只有你一个人有红包。"但这名员工和其他同事天天相处，一不小心就说漏嘴了。或者为了在其他同事面前表现出老板对他的重视，把收红包的事情故意说给其他同事听。也有人想求证老板是不是也偷偷地给其他同事发红包，想比较到底谁的红包大，导致其他同事对老板有意见，反而会产生副作用。

有时候公司老板请高管吃饭，必须邀请每一位高管，去不去由高管自己决定，就怕如果哪天吃饭没有请某位高管，这位高管又有意见。这种事情在公司数不胜数。

案例：

公司的张总在会议上宣布："最近拿下了几个大单，下半年业务量要增加一倍以上。各位的工作计划必须提前，工作量必须加大。"这原本是一件好事，但他的话音刚落，各部门主管就开始抱怨人员流失严重，人手不够，甚至有人说很难完成计划任务，更别说增加任务了。

张总对高管说："最近公司不是新招了400多人吗？怎么还说人手不够？"

高管回答道："这边新招的400多人还没上手，那边工作两年以上的老员工又流失了上百人，很多人出去创业、做微商、开网店等，现在公司的老员工流失非常严重。"

张总心里咯噔了一下，如此高的流失率确实出乎他的意料。针对去年公司人员流失率居高不下的情况，当时的解决方案是增加员工福利投入，增强员工工作保障。为了吸引、激励和挽留人才，公司追加了300多万元的福利金，然而高福利所带来的成本增加让公司不堪重负。像这种"平均主义大锅饭”般的福利待遇，把300多万元分到2000多人头上，对员工并没有任何的激励效果。

案例中的公司管理产生了一系列问题，在员工福利方面投入很多，但很多员工对福利和补贴并没有感觉。员工抱怨和不接受工作安排、老员工流失严重等问题影响着企业的发展，而产生这一系列问题的“罪魁祸首”就是公司在员工福利分配上采用了平均主义。

平均主义分配福利不能起到激励员工的作用，反而让员工工作没有动力，导致工作效率低，阻碍了公司的发展。

正确的福利分配制度能够给企业带来什么好处?

正确的福利分配制度可以帮助企业**吸引并留住高质量人才**，向员工传递出一种潜在的信号：“这是一家人性化的企业，愿意为员工的幸福生活投资。”

它能够使员工行为与企业战略目标保持高度一致，具备对员工的认知和行为进行正确引导的功能，有利于组织战略目标的实现。

它也可充分发挥员工的工作积极性，提高效率，让员工积极主动地去工作，创造更多的价值。

它也能够引导员工不断提高层次，为实现高层次需求和企业目标奋斗，同时员工也能够获得较高的工作满意度，有效地提高员工绩效。

有价值的福利分配制度要对员工起到激励作用，要促进公司的发展。显然，现在“平均主义大锅饭”的福利分配制度成了中小企业的一大难题。

许多企业在福利分配上花了钱，但是没有起到相应的激励作用，还产生了一系列的副作用。

常见的情况是平均发放奖金，人人都可以参加旅游，节假日礼品人手一份，没有区别。这样的福利分配方式导致企业产生了一系列的问题：奖金给员工发少了，起不到激励作用；发多了，大笔开支公司无财力支付；员工干多、干少、干好、干坏奖金都一个样，没有激励作用。为了拉开档次，有的企业会参考一些依据进行分配，但这些是单项的指标，员工会认为不合理，继而形成新的矛盾，甚至引起人事动荡。

福利单一化、奖项少、竞争激烈，导致员工没有积极性，不愿意为了拿到奖励而努力，自然起不到激励的作用。而福利发放标准往往也让人颇费心思。以前是纯粹用工作业绩来考核，出现许多非直接产生业绩的工作无人愿做的情况。

按职级来定，则有失公平。因此，公司的福利分配一定要调动所有员工的工作积极性，并且要做到相对的公平。

用积分管理，这一切问题都将迎刃而解：**永远奖励积分最高的优秀员工**，而且是按积分排名，积分越高，奖励越多，完全不用人为操作，既公平、公正，又激发了员工的工作积极性和奋发向上的冲劲。

奖金分配方案及案例：

我们以一家小型工厂为例，工厂共有七个部门，包括技术部、业务部、管理部、生产部、运输部、后勤部、办公室。

到底该如何分配奖金呢？首先要确定一个奖金池的来源。公司有年终奖、平时的福利、全勤奖、目标增量奖等，奖金池的数目是未知的，目标增量奖是未知的，但目标增量越大，奖金池越大。举个例子，假设公司的全体员工当月目标是1000万元，全员努力拼搏达到了1200万元，则200万元是目标增量的部分。老板愿意拿出5%放到奖金池，那么奖金池就多10万元，如果老板愿意拿出10%放到奖金池，那么奖金池就多20万元，拿多少取决于老板本人。员工越努力，奖金池越大。当然为公司节省的成本也可以按比例放进奖金池。

如何设置奖金池的分配比例？分配可以做到全员都有份。其中，公共部分占30%左右。哪些属于公共部分呢？见表4-3。

表4-3　公共部分积分规则

序号	考核项目	占比	考核内容	备注	积分
1	创新	5%	管理创新	提出1个建议/发现1个公司问题，被采纳	50分/个
			产品创新	创新1个新产品	500分/个
			流程创新	改善1个生产流程	50分/个

（续表）

序号	考核项目	占比	考核内容	备注	积分
2	成本节约	10%	成本节约	为公司节约成本，每节约1元	10分
3	推荐人才	5%	普通员工	每推荐1个普通员工	200分/个
			管理人才	每推荐1个管理人才	500分/个
			技术人才	每推荐1个稀缺技术人才	800分/个
4	出勤	7%	出勤	当月不请假	1000分
				请假1天	–200分/天
				请假1小时	–10分/小时
			加班	每加班1小时	10分/小时
5	其他（临时加分）	3%	特殊情况	根据当时情况制定分数	

除去公共部分，其他部门占70%，包括技术部的20%、业务部的7%、管理部的15%、生产部的10%、运输部的5%、后勤部的3%、办公室的10%，分配占比参照表4–4。当然，这些比例不是绝对的，是按部门的重要性及各部门完成工作的时间来划分的。员工具体拿到多少钱，可以按部门排名来定，也可以按分数来算，我们建议用“361”的方式进行分配。假定团队有10个人，“3”是前3名；“6”是中间6人，最后一名不分配，甚至有可能被淘汰。当然，你也可以设定“271”“451”“352”等分配模式。

表4–4 奖金池分配占比

序号	项目	占比
1	公共部分	30%
2	技术部	20%
3	业务部	7%

（续表）

序号	项目	占比
4	管理部	15%
5	生产部	10%
6	运输部	5%
7	后勤部	3%
8	办公室	10%

某公司所有部门考核指标方案见表4–5。

表4–5　某公司所有部门考核指标方案

<table>
<tr><th>序号</th><th>部门</th><th>占比</th><th>考核项目</th><th colspan="2">备注</th><th>积分</th></tr>
<tr><td rowspan="12">1</td><td rowspan="12">管理部</td><td rowspan="12">15%</td><td rowspan="10">管理部通用</td><td>月度总结与计划</td><td>完成月度总结与计划</td><td>30分</td></tr>
<tr><td rowspan="4">工作汇报</td><td>当月按要求汇报</td><td>300分</td></tr>
<tr><td>至少按要求汇报1次</td><td>200分</td></tr>
<tr><td>当月超过2次（含）未按要求汇报</td><td>0分</td></tr>
<tr><td>当月超过3次未按要求汇报，每次扣5分，累计加倍</td><td>–5分</td></tr>
<tr><td>未执行</td><td>未执行上级指示，两次扣分加倍</td><td>–30分</td></tr>
<tr><td rowspan="4">职务分</td><td>主管：每月职务分</td><td>50分</td></tr>
<tr><td>经理：每月职务分</td><td>80分</td></tr>
<tr><td>特助：每月职务分</td><td>100分</td></tr>
<tr><td>厂长：每月职务分</td><td>100分</td></tr>
<tr><td rowspan="2">厂长</td><td rowspan="2">安全事故</td><td>出现安全事故1次（视事故大小而定）</td><td>–500～–1000分</td></tr>
<tr><td>当月无事故</td><td>100分</td></tr>
</table>

（续表）

序号	部门	占比	考核项目		备注	积分
1	管理部	15%	厂长	产品良率	出错1次	–50分
					当月无出错	200分
				出货及时率	按时出货	100分
					超时1次	–30分
			业务主管	团队目标完成率根据当月制定的目标而定	完成当月目标业绩200万元	500分
					达到200万～250万元	1000分
					大于250万元	2000分
			运输主管	安全管理	当月无出错	200分
					主管发现下属违反1次规定	–50分
					公司发现主管违反1次规定	–200分
			技术主管	实验室整洁度	整洁、干净（月）	30分
					出现1处不整洁	–30分
				打样合格率	合格率达100%	300分
					合格率90%～99%	200分
					合格率80%～89%	100分
					合格率80%以下	0分
				创新	研发一个通用型产品，由总经理评分	1000～3000分
					研发一个专用型产品，按价值大小评分	50～100分
			特助	会议组织	组织月度工作总结会、目标启动会	100分
				公司业绩完成率根据当月制定的业绩目标而定	达到200万元	500分
					达到200万～250万元	1000分
					大于250万元	2000分

（续表）

序号	部门	占比	考核项目	子项	备注	积分
2	技术部	20%	产品研发–创新		研发一个通用型产品，由总经理评分	1000～3000分
					研发一个专用型产品，按价值大小评分	50～100分
			售前		完成方案（每个）、打样（每个）	100分
			售后		基础分：外出服务客户（每次）	50分
					服务客户（按客户的大小）每1万元（按比例）	10分
					客户投诉1次	–50分
			质量		来料检测：出现问题（每次）	–200分
					成品检测：出现问题（每次）	–200分
3	业务部	7%	业绩当月制定计划	新客户	业绩金额每1万元	20分
					季度新客户业绩低于5万元，每低于1万元	–10分
				老客户	业绩金额每1万元	5分
				坏账率	每1000元坏账（按比例）	–30分
			收款		收回坏账金额：每1万元（按比例）	50分
			跟单	业务跟单当月制定计划	维护老客户：业绩金额每1万元	1分
					新客户：业绩金额每1万元	5分
				回款	按时回款（月）	100分
					延迟回款	–30分
			网络推广当月制定计划	业绩	业绩金额每1万元	10分
				潜在客户	获取一条有效客户信息	3分
4	生产部	10%	质量		达标：按出货总金额每1万元	1分
					返工（每次）	–50分
			交货期		准时完成，按出货金额每1万元	1分
					延迟一天完成	–30分
			安全		出现安全问题（每次）	–50分
			组长职责分		组长：每月职责分	30分

（续表）

序号	部门	占比	考核项目		备注	积分
5	运输部	5%	信息反馈		反馈一条有效信息	20分
			配送达标率		当月达标	100分
					出错1次	–30分
			出货及时率		当月按时出货	100分
					延迟出货（每次）	–30分
			安全		当月无安全事故	100分
					出现安全问题（每次）	–200分
6	办公室	10%	财务	账目、账单	月账目、账单清晰，票据完整无出错	100分
					数据出错一次	–30分
			行政助理	招聘	每招到一个员工	50分
					招到新员工且通过试用期（每个）	150分
				仓管	车辆安排、出货，当月无出错	100分
					出错一次	–30分
			采购	采购及时性	采购物料及时，当月无出错	100分
					采购物料不及时，影响生产（每次）	–10分
				质量	采购的物料当月无质量问题	100分
					出现质量问题（每次）	–30分
7	后勤部	3%	保安	安全	当月无出现安全问题	30分
					出现安全问题（每次）	–10分
				卫生	卫生整洁（月）	20分
					卫生不整洁（每次）	–5分
				态度	待人礼貌（月）	20分
					待人态度恶劣（每次）	–5分

（续表）

序号	部门	占比	考核项目		备注	积分
7	后勤部	3%	保洁	卫生	卫生整洁（月）	50分
					卫生不整洁（每次）	-10分
				协助	协助财务进账，核对单据，采购办公用品（月）	50分
			食堂	食品安全	食品无安全问题（月）	50分
					出现食品安全问题（每次）	-20分

作业：

（一）如何利用奖金池来设置留人机制？

（二）这种福利分配制度有什么优点？你打算怎样去改善你企业的分配方式？

五、如何提高产品质量

思考：

（一）你有计算过因产品质量问题而造成的企业损耗吗？

（二）产品质量不过关，到底是谁的问题？

产品质量是企业生存之本。如今企业赚钱有很多方式，但最终还是以产品的质量取胜。企业要想做大做强，就必须在产品的质量和服务上下功夫。

我们在服务企业的过程中，跟老板交流，发现没有一个老板不想提升产品质量，但是员工做出来的产品总是达不到老板想要的效果。每个老板都想把自己的产品质量做好，做到无退货、口碑好，这样客户才愿意转介绍客户，企业才会越做越大，并立于不败之地。然而很多企业产品的质量问题总是源源不断地出现，搞得老板焦头烂额，不知道怎么解决。

为什么产品质量会出现问题？我总结了以下四个方面原因。

1．关键技术不过关

关键技术不过关实际上是指员工的能力不行，不能胜任这份工作。

解决关键技术不过关问题的方法有很多，例如，可以在招聘上下功夫，招到合适的人才。

关键技术不过关，首先要解决员工的动力问题。对于任何一项技术，只要肯花时间就能学会，关键是相关负责人愿不愿意学习。以我们公司为例，作为一家技术型公司，我们对技术岗位进行了等级划分，有中级技术、高级技术、技术员、技术专家、技术经理等。不同的岗位，拿到的岗位工资不一样；同时，我们采取师傅带徒弟的管理方式，凡是师傅带一个徒弟“出师”，我们会给师傅加分，若有重大技术的突破，我们会给相关的技术人才加双倍的积分。这一系列的激励机制，促使员工主动提升技术能力。当然，提升技术能力是一个需要长期坚持的过程，只有企业管理者高度重视技术人才，才能彻底解决关键技术不过关的问题。

2．采购材料质量把控不过关

材料质量把控不过关这个问题比较容易解决，只要对进来的每一批材料进行详细检查，就能找出问题并加以解决，但是相关人员是否负责、是否落实到位非常关键。验收人员粗心大意、不负责任；无良的企业给相关人员塞红包、请他们吃饭，让他们睁只眼闭只眼等，都会影响材料质量把控。

针对材料质量把控的问题，我们会在企业里面设置一条“生命线”，比如对相关人员采取交纳保证金等一系列措施。

假设我们在公司制定这样一条规则：员工凡是发现一个产品质量问题就可以获得5分。原本员工看到产品质量有问题就很心烦，所以检查的时候粗心大意。现在，把员工的心态调整好，员工发现或检测到一个有质量问题的产品就可以加分，发现或检测到有质量问题的产品越多，加分越多，员工就会越开心，这不就是老板们想要的结果吗？

3．管理不善

管理不善有很多原因，主要是管理者对产品质量的重视不够。也就是说，管理者没有在产品质量考核上下功夫，没有对产品质量设定目标和要求，没有对质量达标进行激励，没有让产品质量跟管理者的升职加薪、福利待遇、奖扣分挂钩。

4. 没有专门的培训

针对产品质量培训，最好的方法：第一，说给他听；第二，让他说；第三，做给他看；第四，让他做；第五，重复以上步骤。

我们发现很多技术好的员工只是自己完成工作，不会教别人。针对这种情况，我们采取的方法是进行PK。每周进行一次PK，凡是获胜者可以获得加分或现金奖励。获胜者必须要分享他的工作经验与方法，那么其他员工就可以学到他的方法和技巧。如果员工在培训之后能力还是跟不上，那就只能换岗或被淘汰。

产品质量问题可影响方方面面，小到客户退货退款，影响公司声誉和发展；大到令公司受到法律制裁、用户谴责，无法履行社会责任等。海尔集团的张瑞敏因为产品质量问题怒砸冰箱；很多汽车因为质量问题被紧急召回；房产开发公司因为楼房的质量问题而被客户投诉、举报；等等。

任何一个企业的产品都可能出现质量问题，当出现质量问题时，除了会给企业带来经济损失外，最让公司老板头疼的是很难按照制度实施惩罚。现在企业和员工的关系是卖方市场的关系，几乎所有企业都面临招人难的问题，导致老板不敢随便按照公司规章制度实施惩罚，有可能上午实施惩罚，下午员工就愤然离职。更有甚者，员工做错了事，对公司造成损失，老板还会反过来安慰员工，因为员工一旦离职，就没有人做事了。

怎么做才能提高产品质量呢？要提高产品质量，就要建立合理的标准，标准是依据，管理是手段。标准是衡量企业各项工作和产品质量的标尺，又是质量管理的依据。没有各种类型的标准，就不能进行全面的质量管理。在企业的生产过程中，始终离不开各种质量标准。

决定企业竞争优势最重要的因素是质量，质量优势是争夺市场战略中最关键的优势，谁具备产品质量的优势，谁就能赢得市场的竞争优势。**市场竞争已经从“价格竞争”转向“质量竞争”**，影响用户购买的三大因素——价格、质量、交货方式，如今其排列次序已经变为质量、交货方式、价格。质量已成为决定用户是否购买的首要因素，“质量竞争”在某种程度上正在取代“价格竞争”。

如今，产品质量成为决定企业竞争力和经济实力的重要因素。老板为提高公司产品质量而劳心伤神，采取了各种措施，但公司产品质量却没有得到明显改善。

例如：

1．加强员工的技能培训。但当员工的技能熟练后，他们很容易跳槽，并没有从根本上解决产品质量问题。

2．制定相应的管理制度。当出现产品质量问题时，扣减相关人员工资，这样做员工会很反感，导致他们工作没有积极性。

再以我们公司为例，针对产品项目，我们会对客户进行回访调查，了解客户对我们产品质量以及服务的满意程度。如果客户不满意，公司就会根据责任的大小给相应的人员扣分，让责任人接收到处罚的信号，同时督促他们注重产品质量，避免重复犯错，这样被客户投诉的现象也就变得越来越少。同时，公司还规定，新网站、新系统或新软件上线前，凡是主动发现错误并及时处理的员工，如果是小错误则奖3分，如果是大错误则奖20分；相反，出现错误没及时发现和处理，相关负责人也会连带扣分。

又比如东莞的一家美国外资企业，他们公司主要生产毛衣，每一批产品生产出来都会有QC（质检员）验货，检验合格才能通过海关运到国外。然而，经常有产品会因为不合格被退回来，而且退回来的不是一件产品，而是整批产品，从而给公司了造成了严重的经济损失，所以每次QC看到产品有质量问题就会很烦恼。

这家公司老板找到了我们，我们针对该公司的实际情况制定相关标准，运用积分管理，QC每发现一件有质量问题的产品加2分，发现一件有严重质量问题的产品加5分。这样一来，QC的感觉变了，他们都积极地去找有质量问题的产品。

实行积分管理，任何质量问题都要与积分挂钩。产品质量出了问题不扣钱，改为扣分，当事人既接收到了改正错误的信号，又不会反感。而员工的积分又会与他的福利待遇、薪酬挂钩。积分管理让每个人都有主人翁意识，让员工主动承担产品质量的问题，让员工积极快乐地工作。如此，产品质量才能改善。

作业：

（一）请列出产品质量问题给你公司带来了哪些损失。

（二）怎样做你的公司生产的产品质量才能得到提升？

六、如何解决目标管理的问题

思考：

（一）你是否因为员工没有达到目标，导致企业业绩下降而苦恼？

（二）你是否因想达到目标但没有找到好方法来激励员工而苦苦思索？

在讲目标管理之前，我先与大家分享一个故事：

“请你告诉我，我该走哪条路？”

“那要看你想去哪里？”

“去哪儿无所谓。”

“那么走哪条路也就无所谓了。”

这个故事讲的是人要有明确的目标，如果一个人没有明确的目标，自己也不知道该怎么做，那么别人也没办法帮到他。要“天助”，先要“自助”，如果自己没有清晰的目标，即使别人说得再好也是别人的观点，不能转化为自己的有效行动。

同样，企业也要有清晰明了的目标，员工才会有前进的方向。如果企业的目标都不清晰，员工又怎么会做好事情呢？企业目标不清晰会导致老板在公司忙里忙外，团队还是不知道朝着哪个方向前进，而员工更是迷茫，一天到晚都不知道自己要做什么。这样的企业能走得长远吗？

下面我再和大家分享一个小故事：

有个人经过一个建筑工地，问那里的石匠们在干什么。

三个石匠有三种不同的回答：

第一个石匠回答："我在做养家糊口的事，混口饭吃。"第二个石匠回答："我在做整个国家最出色的石匠工作。"第三个石匠回答："我正在建造一座大教堂。"

三个石匠有三种不同的目标，那么肯定会产生三种不同的结果。目标对于一个企业来说至关重要，企业定目标不难，想要达成目标却很困难。如今的企业管理就是对企业目标的管理，而企业管理的难处就在于定了目标却无法完成。为什么会这样呢？我做了总结，见图4-2。

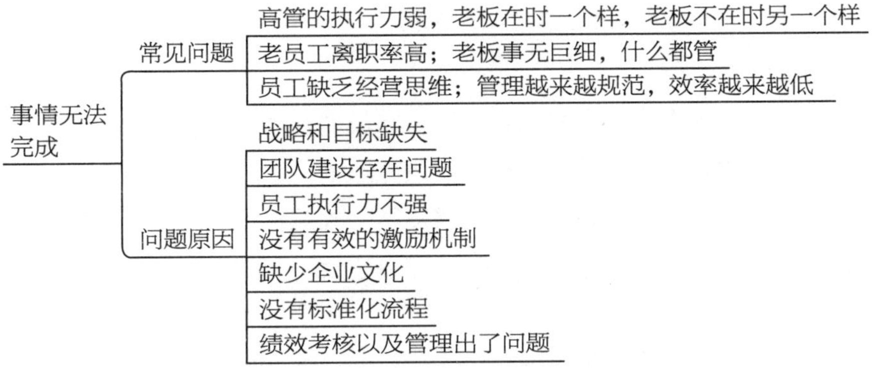

图4-2　目标无法达成原因分析示意图

其中，"战略和目标缺失"是根源问题，战略层面一旦有缺失，就会造成企业迷失方向，即使战术层面做得再好，再努力，也可能是白费。

如何设置有效的目标？

设置有效的目标，经营者要思考一个问题——要把企业带到什么地方去？这个企业存在的目的是什么？但很多企业经营者不用思考就可以直接回答——为了赚钱。然而为了赚钱而去赚钱的企业，反而赚不到钱！企业的存在，应该是为了更好地服务社会，服务顾客，这就是我们常说的有使命感。有使命感的企业和没有使命感的企业相比，员工的动力是不一样的。有使命感的企业可以传承几代人，没有使命感的企业却很难生存，会在管理上遇到极大的挑战，从而导致经营者在管理、服务、决策等方面出现诸多问题。所以，经营者第一个要解决的问题就是确定企业的使命。

企业的使命是企业的核心和灵魂，而使命的设置则是基于企业经营者的格局，企业有了使命才能更好地规划企业愿景。

什么是愿景？

愿景是一种由组织领导者与组织成员共同形成的，具有引导与激励作用的，对未来情景的意象描绘。我们在前面的“如何建设良好的企业文化”一节中也讲过这个问题，这里就不再重复。

愿景是在不确定和不稳定的环境中，提出的方向性的长期导向，它可以把组织活动聚焦在一个核心焦点的目标状态上，使组织及其成员在面对混沌状态或结构惯性抗力的过程中能有所坚持，明确前进的方向、步骤与路径，也就是明确将要实现的目标。

愿景能有效培育与鼓舞组织内部所有成员提升动力，激发个人潜能，促使成员竭尽全力，提高组织生产力，使顾客满意。

因为愿景是一种对组织及个人未来发展的预期，受到领导者及组织成员的信念和价值观、组织的宗旨等影响，所以它会引导或影响组织及其成员的行为。

有了愿景才能更好地制定中期目标、长期目标，那应该如何设置目标规划呢？大家可以参考图4–3。

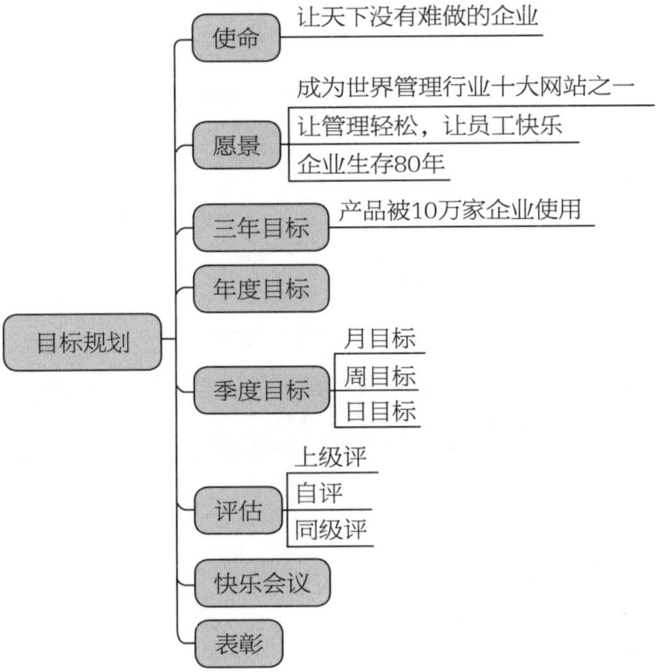

图4-3　目标规划示意图

设置目标的基本原则是什么？

设置目标的基本原则主要有五条：具体明确、可量化、有完成时限、具有挑战性、相互关联，见图4-4。

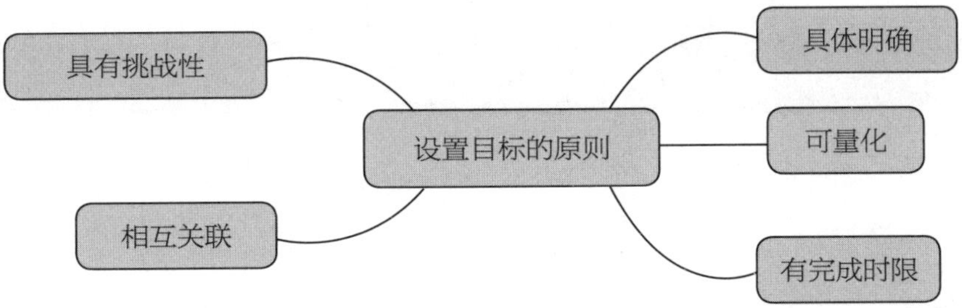

图4-4　目标设置的原则

我们在了解目标规划和设置目标的基本原则之后，又该如何将目标落地呢？请看以下案例：一位老板在学完我们的课程之后，准备在公司导入积分管理，经过领导层的讨论后，决定以1000分作为奖分，具体的分配比例可参考表4-6、表4-7和图4-5。实际积分由项目负责人根据员工的工作完成时间、质量进行评估打分。下面以推广部为例，具体目标导入可参考表4-8。

案例一：

表4-6　目标导入案例一

序号	依据	目标	关键结果	比例	关键过程	完成率	实际积分
1	根据工作量和绩效评估，项目负责人可得到1000分的奖分	在公司管理层建立可实施的目标	6月，完成对目标的学习和理解	20%			
2			7月，制订公司的目标实施方案，在公司进行为期2个月的测试	40%			
3			8月，在7月测试的基础上完善方案	40%			

案例二：

表4-7　目标导入案例二

目标	依据	计划	权重	占比（分数）	关键结果	得分	完成率
本季度总销售额达400万元	40000积分	7月底，业绩达到100万元	20%	8000分	7月底业绩80万元	25757分	64%
		8月底，业绩达到140万元	30%	12000分	8月底业绩80万元		
		9月底，业绩达到160万元	50%	20000分	9月底业绩100万元		

（续表）

目标	依据	计划	权重	占比（分数）	关键结果	得分	完成率
本季度官网的点击量不低于20000人次	20000积分	7—9月促销广告点击量不低于5000人次	25%	5000分	点击量达3000人次	11900分	59%
		官网直接访问量2000人次	15%	3000分	访问量达600人次		
		视频点击量5000人次	40%	8000分	点击量达3500人次		
		微信转化点击量8000人次	20%	4000分	微信转化点击量达3000人次		
本季度开课12次	一次课程1000积分	7月份开课3次（100家企业）	25%	3000分	3次	12000分	100%
		8月份开课4次（100家企业）	35%	4000分	4次		
		9月份开课5次（100家企业）	40%	5000分	5次		
本季度销售收入增长30%	10000积分	7月通过微信活动，送出门票20张，实现业绩增长20万元	30%	3000分	7月底达到20万元	9766分	97%
		8月新增CRM给老客户推广，增加销售收入30万元	35%	3500分	8月底达到28万元		
		本季度实现硬件对接，实现会员积分模式，带动预存销售收入30万元	35%	3500分	9月底达到30万元		

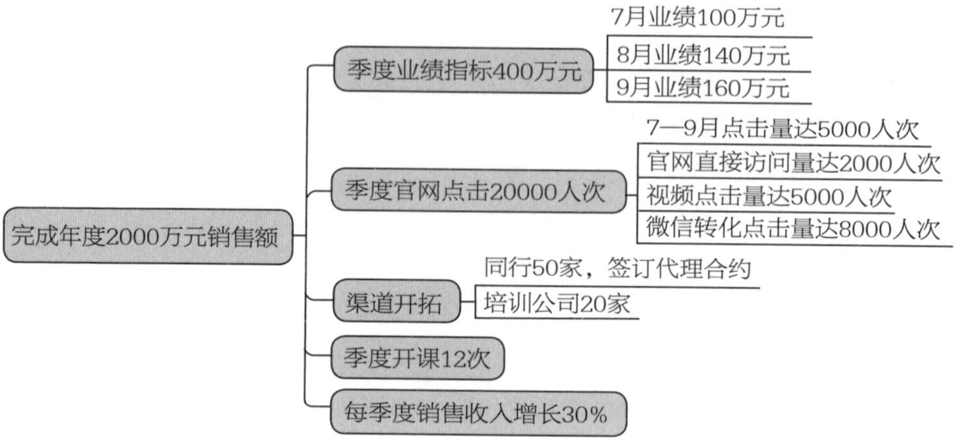

图4-5　年度总目标示意图

表4-8　推广部目标导入案例

目标	关键结果
半年内公众号粉丝量增长20万	1. 文章发布量增加30%（保证质量）
	2. 文章转发量增加40%
	3. 公众号获得大V推荐5次
	4. 每月策划活动1次

如何设置关键结果?

关键结果是指实际完成的工作量。以我们开发的CRM客户管理系统和每天的早会为例：

1. 开发CRM成功

关键结果：CRM在6月30日上线，并在9月30日前拥有3万个用户。

2. 每天开早会

关键结果：表扬前一天表现优秀的员工，统一员工价值观，宣导公司文化，部署重点工作，促进员工提升技能和战斗力，树立管理者权威。

如何有效实施目标管理？

目标管理的实施过程可分为确定目标、公示目标、执行目标、沟通与打分四个阶段。其中公示目标在实施过程中是非常重要的环节，也是目标起到激励作用的关键。

目标管理实施的流程和完整周期，是目标管理顺利实施的过程中必须遵守的原则和执行的关键（见图4–6）。

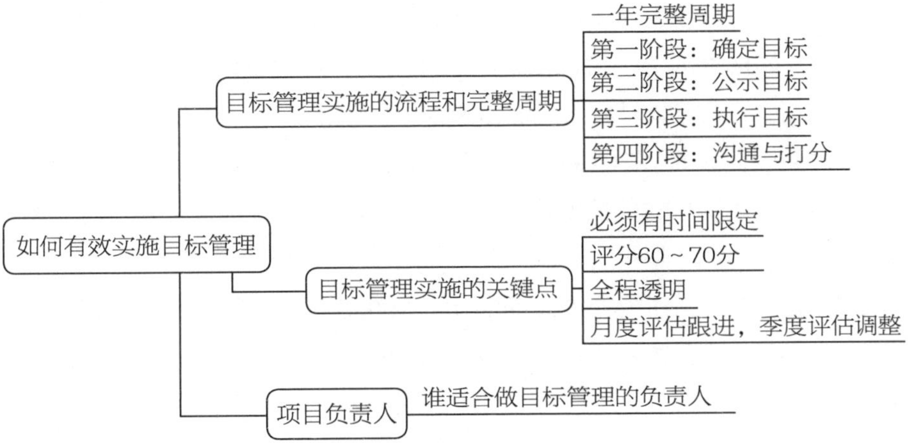

图4–6　实施目标管理示意图

我们知道了目标设置的方法后，又该如何通过积分来激励员工达到目标呢？

积分会告诉员工：分数达到什么阶段，可以得到怎么样的回报；达到什么分数，可以得到怎样的福利待遇；为了达到相应的目标，还需要经过多长时间的努力来争取积分，便可实现个人的目标。

目标实施过程完全不受管理者的喜好左右，也完全不被老板的亲疏决定，自己的命运自己掌握，自己的目标自己实现。

公司每年会用积分将几百个目标与相关人员的福利挂钩，相关人员完成对应的目标后可以得到几千分的奖励。奖分和扣分比奖钱、扣钱好落实得多，而且效果也更好。

公司要飞速发展，需要做到每个员工的心里都有目标，每一个目标完成的结果都能量化，目标与奖扣分挂钩，充分调动员工的积极性，使公司朝气蓬勃，蒸蒸日上。

七、如何提高员工创新意识

思考：

（一）你是否因为创新难的问题彻夜难眠？

（二）你的企业是否因缺乏创新的产品而失去竞争力？

创新是一个企业生存和发展的灵魂，对于一个企业而言，创新可以包括很多方面，如技术创新、管理创新、流程创新、商业模式创新等。企业发展离不开创新，所以创新与否，可以决定一个企业成败。诺基亚曾经是手机行业的龙头企业，是“70后”“80后”最喜欢的手机品牌，如今却很难看见它的身影；我们小时候拍照片都是用柯达相机，可是今天很难再见到柯达相机了。

无数企业因为创新能力不足而倒闭，摆在老板面前的难题是怎样培养员工的创新意识，让员工从工作、业务、客户的痛点、同行或竞争对手中去总结如何创新。

我们服务的一个客户，主要是做名片印刷业务，大家都知道名片印刷的单价不高，可数量特别大，所以老板对于服务板块感到特别烦恼，为此还特地请了80名服务人员专门来解决服务质量问题。可即便有这么多人服务，还是有客户投诉。

为了解决这个问题，公司在内部开会，多次讨论服务质量的问题，但都没有得到好的解决方法。有人说分组PK，有人说换服务主管，有人说加强培训，公司也照这些方法去做了，虽然得到了一些改善，但最终还是没有完全解决服务质量的问题。主要原因是服务成本高，80名服务人员每年的服务成本要上千万元，对于一个名片公司来说，这上千万元费用在公司的总支出中，可不是一笔小数目。

有一次我和该公司的老板聊天，我说：“你公司现在面临这种情况，一定要想办法创新，在服务上面去创新。”老板说：“我们几乎什么方法都试过，还是没有解决这个问题，你有没有好的方法？”我说：“你可以开发一套网站系统来代替服务员的工作，通过在线报价、网上下单、上传文件、自动排版等流程，解决服务成本过高和服务质量不好的问题。”

后来，这家公司投资了上百万元，让我们给他们开发了一套网站系统。现如今，这家公司的业务量逐年上升，而客服人员只需要几个人。最重要的是，这套系统能够帮助该公司将业务拓展到全国各地。

这套系统上线之后，他们的客服经理说：“这个方法我之前就知道了，不就是搞个软件吗？”他知道这个方法，但是每次开会他都没有提出来。**今天的中小企业，老板都在强调要创新，但是所有的创新都是老板在操心。**员工认为多一事不如少一事，因为一旦提出来，老板就有可能把这个任务交给他去做，做好了没有功劳，做不好还要承担责任。

员工为什么不愿意创新？

员工之所以不愿意创新，是因为没有动力激励他们。另外，创新或不创新对员工来说，都没有任何损失。所以我们认为，要解决创新的问题，就要解决员工动力的问题。有了动力，员工才会去关注、学习，才会为公司的发展操心。

案例：

汇报是工作中一个重要的环节。如何汇报才有效？相信不同的企业有不同的做法。如我们公司有积分管理的机制，一名专员在工作中发现客户工作汇报做得不错，于是把这个方法引进我们公司，这名员工就得到20分的加分。

企业该如何鼓励员工创新？

首先要制定一套员工创新的激励方案，可以在每年年初把需要创新的项目、需要开发的新产品与高额的积分奖励和现金奖励挂钩，激励员工创新。请参考下面创新激励机制的表格（见表4-9）：

表4-9 创新激励机制

激励机制	奖分	奖金
提出可行性建议	2分	
提出建议并被采纳	20分	
技术专利、发明专利创新	1000分	1000元
产品创新，所有产品成交的业务按提成比例分配给创新者，首月提点6%，第二个月提点5%，逐月递减，半年后没有提成		
管理创新主要针对管理者，通过创新方法为企业降低成本		
增加效益，增量部分按干股比例分配给创新的管理者		
营销创新	100分	
商业模式创新	1000分	

以上激励机制只做参考，企业可根据实际情况设置不同的标准。

作业：

（一）你的竞争对手都创新了什么产品？

（二）如何让员工主动创新？

八、如何解决家族式企业管理难的问题

思考：

（一）你是否因为有亲戚在公司上班而影响了公司的执行力？

（二）你是否遇到过有亲戚在公司上班且利益分配不合理导致家族关系不和睦的情况？

企业在成立之初，由于各种条件的限制，常常需要亲朋好友到企业里任职提供帮助。然而，随着自身不断壮大，企业需要引进外部人才，完善内部

的规章制度和管理机制，这样家族式企业的管理就给老板带来前所未有的挑战。在企业创业初期，家族式企业内部相处融洽。但是随着企业不断发展，利润加大、利益分配不均和亲朋好友之间的嫉妒等问题容易导致家族矛盾，使老板成为别人眼中自私自利、忘恩负义的人。

在这里给大家出一道难题：假设你的公司刚制定出一条规章制度并严格告诫员工，一旦发现有人违反了这条规则立马开除，过了几天后，你发现最先违反这条规则的不是你请来的员工，而是你的亲戚，这个时候你该怎么办？如果这个亲戚是你创业初期陪你一起打拼的人，你会不会开除他？或者违反者是你妻子的妹妹，一旦开除她就有可能导致你们夫妻失和，你还要开除她吗？

以血缘关系和人情关系作为企业内部的主要整合力量，可以维持企业内部的稳定，但是如果处理不好利益关系就会导致家族矛盾和冲突。

案例分析：

A公司是义乌一家小型家族企业，专门生产玩具。该企业在2013年由李先生创办成立，注册资金50万元，他自己出资40万元，剩下的10万元由其堂弟出资。到2015年，厂房面积2000平方米，工人200人，工厂已具有一定的规模和知名度，但是市场竞争日趋激烈，玩具的盈利空间越来越小，A公司面临严峻的生存压力。

图4-7所示为A公司的组织架构。

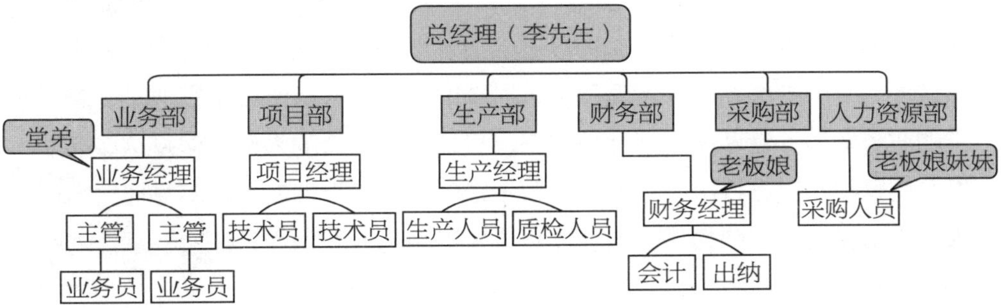

图4-7 A公司的组织架构

从上面的公司组织架构图可以看出，A公司的主要部门都是老板的亲戚在负责。在企业成立初期，以老板李先生为首，家族成员为辅的公司团队，充满着亲缘气氛，没有利益芥蒂。有些非家族成员的员工大多是老板的老乡，也受到这个家族文化的感染，融入到整个团队中。在大家共同的努力下，A公司业绩突飞猛进，由一个小作坊成长为一个拥有200人的企业。但随着时间的推移，A公司发展壮大，家族体系的弊端逐渐凸显，公司内部矛盾增多了。李先生希望改变这种状况，但员工都是亲戚、老乡，迫于亲情、友情的压力，李先生感觉无从下手。

从结构上看，这家企业已经走向现代管理制度，但实质上它并未超越家族企业和家族管理模式。

在公司发展初期，因为缺少人力和财力，为了让公司尽快走上正轨，大部分公司的老板会让自己的亲戚过来帮忙，有血缘关系也有利益关系，大家自然而然齐心协力，将公司的大事小事都主动包揽在自己身上。但是随着公司的业务逐渐增多，会有人手不够的情况，公司必须要注入新鲜血液，于是公司开始招聘新员工。新员工来到公司后，刚开始员工之间的关系还算和谐，但随着人手越来越多，管理问题就出现了。

家族企业的主要人员构成是亲朋好友，有一部分人便凭借自己的特殊关系，对工作敷衍，没有责任心，甚至出现明目张胆地违反公司规章制度等现象。更有甚者假借工作之便从中获利，使公司利益受损。而这些亲朋好友认为，自己跟着企业一路同甘共苦，即使没有功劳也有苦劳，加之这层特殊关系，老板不可能开除自己。

相反，新进来的员工因为没有这层特殊关系，主动学习，不断提升技能，成为老板的得力助手，与不思进取的亲朋好友形成鲜明的对比。公司不断扩大，需要中层领导来管理员工，这个时候，老板自然心中有数了，新员工的业务能力、管理能力都比较突出，当然是最适合的人选。但是这些亲朋好友都是跟着自己打拼过来的，如果不让他们担任管理者，是不是显得自己太忘恩负义了？思前想后，老板还是决定以企业大局为重，任命管理能力强的员工来担任管理者。

让老板头痛的是，没有任命亲朋好友做管理者，导致他们心里不平衡，直接找到老板理论，甚至当着老板的面骂他是过河拆桥的人，不管老板怎么解释都没有用。更严重的是，这些亲朋好友逢人就抱怨老板是一个过河拆桥的人。

为什么家族式企业会面临这样的难题？

究其原因，是前期没有制定好规章制度和管理机制。很多家族企业最初的目的是让企业发展起来，更倾向于发展业务，认为规章制度和管理机制没有太大的作用。因为公司人少好管理，一有问题大家就一起讨论解决，而规章制度则显得多余。他们认为，只要能为企业赚到钱就行，即使有什么做得不对或者不好的地方，老板可以直接指出来。甚至有些家族企业根本没有规章制度，直到招来的新员工多了，老板才意识到制定规章制度和管理机制的重要性。所以解决家族式企业管理问题最好的方式是，在企业创建初期就明确好**责、权、利**的界定，淡化家族观念，完善规章制度和管理机制。

现在，实行家族式管理方式的企业非常多，特别是在企业起步阶段，许多中小企业都靠家族成员起步。随着企业的发展，如果在三年、五年、八年后，企业仍在实行家族式管理方式，那么企业的问题就会越来越多，导致企业很难做大做强。

家族式企业该如何做才可既不亏待、不挫伤家族成员和老资格的创业者，又能引进高质量的人才并留住他们，让他们发挥作用呢?

积分管理可以解决家族式企业的这一问题，还能营造一种平等的竞争环境。

例如，老板的表弟要来公司上班。如果安排工作，怕表弟不积极、懒散，坏了公司气氛；如果不安排工作，也不合情理，老板就开始头疼了。

导入积分管理就可以解决这个烦恼。如果亲朋好友工作积极，努力挣分，即使是积分高，其他员工也不会有意见，因为亲朋好友关系并不会影响积分的高低。

同时，亲朋好友因为积分不高，没有得到特殊的福利待遇，他们也不好意思怪老板。积分管理便真正解决了家族式企业管理中的各种难题。

作业：

（一）你如何评价公司家族成员的工作？

（二）你会如何协调公司内家族成员与非家族成员之间的关系？

九、不开除员工照样可做到优胜劣汰

思考：

（一）你的公司是否有混日子的员工？

（二）你是如何加强员工之间的竞争力的？

很多企业一到年底就开始头痛，因为年底是离职高峰期，员工一走就走一大批。大企业还好，走了一批又能很快补充上来，但是对于中小型企业来讲，简直就是一场噩梦：本来招人就很难了，现在又走了一大批，去哪才能招到人？

除了招人难，不少中小型企业还面临一个难题——想留的员工留不住，不想留的员工不敢开除。部分企业在培训新员工上加大力度，目的是培养更多的人才，结果员工能力提升了就被人挖走了；有些能力一般且学习态度不好的员工，天天抱怨公司这不好那不好，但就是没走，留在公司很影响公司氛围。对于这种类型的员工，老板三番五次找他谈话，谈话后的前两三天还有些效果，一周之后又恢复了原样，这让老板感到很无奈。

对于这样的员工，该如何做呢？

企业中有80%的人是为了工作而工作，这些是普通员工；10%的人是把工作当事业，他们成了企业精英；剩下10%是混日子的人，相当于企业的“闲人”。最后一类员工让很多老板感到头痛，如果直接开除他们，会影响整个公司的氛围。特别是一些老员工，不做事但是又不好开除，因为老员工已经服务公司十几年，没有功劳也有苦劳，开除他们可能会让企业树立“不近人情”的刻薄形象，甚至要根据劳动法对员工进行赔偿。

传统的方法是将表现不好的员工从公司开除，使用这种方法，有两个弊端：一是开除的标准不好掌握，有可能被员工反告，影响公司形象；二是容易激发公司与员工矛盾，给人事工作带来许多麻烦。所以，开除并不能从根源上解决问题。

我们在服务企业的时候发现有些企业就面临着这样的问题。某公司的张总跟我反映，新招回来的员工在试用期间表现特别积极，比较符合公司要求，公司很满意。但是这名员工转正之后不到3个月，公司发现他只会关注自己做的事情，不愿意主动帮助同事，不服从领导的安排，不愿意承担责任。公司三番五次地与该员工进行沟通，但是他一直没有改变。这让张总很困惑：若开除这名员工，会使公司遭受赔偿的损失；若继续留下这名员工，问题一直得不到解决，导致工作不能正常开展。

像张总公司这样的情况在中小型企业中最为常见。明明招进来的员工不太合适，却因为没有其他人可用而留下来了，这对企业和员工来讲，都是不负责任的行为，那该如何解决呢？

我们在实际工作上遇到了很多类似的情况，开除员工并不能解决根源上的问题。如果该员工在半年内还没有适应自己岗位的工作，作为管理者可能要考虑对该员工进行培训，提高技能后重新放其回工作岗位；如果该员工还是没有适应过来，可能对于该员工来说这个岗位的工作并不适合，作为管理者就要考虑将这名员工调岗；如果调岗之后还是不适合，那么这名员工就要面临淘汰。

怎么才能做到既不开除员工又能实现优胜劣汰？实行积分管理就能很好地解决这个问题。

采用积分管理机制，员工的综合表现（技术、业绩、考勤、行为……）都通过积分进行记录。积分越高，说明该员工表现越好；表现欠佳的员工，不仅积分上不去，而且会出现不断扣分的现象。如果出现这种情况，管理者应该重视。

公司规定，凡积分为零分或负分的员工，可看作对公司发展没有贡献的员工，也是公司即将淘汰的对象。积分每下降3000分，还要下调一级工资。当然，也有积分下降的员工因为自己的努力而让积分上升，成为公司的骨干。而积分又与升职加薪、福利、年终奖等挂钩，积分越多，福利就越多。实践证明，通过这一方式，不想努力的员工，自觉离开了公司；这一方法公平、科学、合理地实现了公司内部的优胜劣汰。

作业：

（一）请举例说明你如何对待在公司混日子的员工。

（二）你知道哪些方法能做到不开除员工但又实现优胜劣汰吗？

十、如何解决公司留人难的问题

思考：

（一）公司的核心人才离职是否让你烦恼？

（二）公司的留人机制有哪些？

当今社会人心浮躁，员工今天还在企业好好地上班，明天可能就提出了离职。虽然离职的原因各有不同，但员工的离职一定会对企业造成损失。企业培养一个人才需要花费很大的精力，特别是培养主管、高管。有时就是因为企业没有重视留人机制的建设，导致企业优秀员工离职，无人才可用，企业很难做大做强，这是让企业老板最为头痛的问题。

员工离职，特别是高管离职，他带走的不只是自己所创造的价值，因为整个团队是他带出来的，他了解公司的运营模式，了解公司的业务和产品，了解公司的实力，所以他还可能带走了整个团队的信心，他一个人的离职可能导致整个团队溃散，因此企业一定要重视留人机制的建设。

要做到员工提出离职后，员工开心，老板也不会头痛，这就需要有好的留人机制。

我们在实践中发现绝大多数的老板都面临留人难的问题。企业的福利待遇和其他企业差不多，但就是留不住人，特别是一些有能力的人。跳槽仿佛已经成为一种习惯，我们根据实际情况总结出员工跳槽的5个原因。

（1）企业文化建设不足，工作气氛紧张，员工心态消极。

（2）工资待遇太低，达不到员工理想的要求。

（3）工资待遇虽然较高，但满足不了个人的精神追求。

（4）公司对员工的约束机制不够严谨，员工有随意进出公司的条件。

（5）员工自身素质不高，对公司无忠诚度和敬业精神。

对于中小型企业来说，每一个员工离职，企业都要想办法找人补上空位，但是企业又面临招人难的问题，特别是一些高层人员离职，企业花费很长时间都很难找到与空缺职位相匹配的人才。**如果企业的留人机制做得不好，那么对企业发展是很不利的。**

所以企业一定要完善留人机制，不然员工能力一提升就选择跳槽，企业便会在招人和培训上面不断循环，浪费大量的人力和财力，阻碍企业的发展。很多老板都说，留人机制这一块，我们一直在改善，但是效果不明显，不该走的都走了，该走的也走了。因为找不到人来做事，所以企业寸步难行。下面列举的4种方式是很多企业最常用的留人方式。

（1）加薪：让自己企业的员工平均工资水平高于市场平均水平，留住基本员工，再有针对性地对骨干员工加薪。只要骨干员工还在企业，企业运行就没有问题。

（2）压薪：想尽各种办法，将奖金压后发放。这样一来，员工总是沉淀一部分奖金在公司，从而被拖住。如果员工提出离职，人事便想一些办法设置门槛，让离职人员不能全数领走奖金，以留住员工。

（3）打感情牌：年底召开年终会议，发放各种奖励以博得员工在放假前对公司留下好的印象。在员工准备离职前，求得印象分，使员工不轻易离职。

（4）精神控制：年底聘请培训师进企业组织“培训”，激发员工感恩的心。让员工念叨公司的“关心”和“不易”，让员工高唱感恩歌，不想离职。

很多企业希望通过加薪来留住员工，但是高成本的付出往往让中小型企业吃不消。我们在给一家企业做方案的时候，遇到了这样的问题：李总的公司有不少优秀员工频频离职，他认为员工之所以离职，主要是因为待遇不够好。为了留住优秀人才，李总算是下了功夫，该发的福利都发了，工资也涨了。这样的方法在使用前期很有效果，高管离职少了，但是慢慢地开始有人在背后议论李总办事不公平。

为了留住优秀人才，李总对于这些言论总是睁一只眼闭一只眼，以为只要留住了人才就行，其他事情都会过去。即使有一些员工觉得李总办事不公平而选择了离职，李总也觉得没什么。但是直到两位主管同时提出离职的时候，李总很吃惊，他很郁闷地说：“我已经给你们加工资了，你们怎么还要离职呢？”结果两名主管离职的原因更让李总哭笑不得：另一家公司给的工资比这里高了很多。

很多企业认为留人无非就是给员工加薪，这一点是没有错，但是这同时会把员工变成一个“钱奴”，而对公司没有忠诚可言。只要哪家公司给的钱更多，员工就会跳槽，所以盲目加薪并不是一个明智的留人机制。

做好留人机制可增强企业的竞争力，留住人才，而人才就是企业的根本。很多企业有好的项目和想法，但是因为缺少相应的人才而实施不了，只能眼睁睁地看着别人挣钱。由此可见，人才关乎企业的成败。

如何才能做好留人机制呢？

想要留住人才，一要解决薪酬的问题，二要让员工开心工作。如果薪酬问题没有解决好，就会适得其反。

积分管理的宗旨是不让优秀员工吃亏。员工越努力，工作积分就会越多，不断创新和提升自己的员工就有奖分。如做财务工作的员工考取了高级会计师证，那么这名员工每个月都可以加分；加班或者是在工作之余约见客户的员工也可以加分；积分又与福利待遇、旅游奖励、工资挂钩，只要员工的积分达到了一定数量，公司就会给员工提高福利，公平公正，其他员工也服气。

积分管理让员工相信越努力越幸运。只要你不断地努力，你的积分就会增加，幸运就会降到你的头上。

如果员工选择跳槽，员工在本企业挣到的积分和个人的成就就会全部作废。多年来的努力弃之可惜，失之心痛，员工不得不三思而后行，慎重对待工作，不会轻易跳槽。

另外，在积分管理的过程中，优秀员工的积分不断增加，可享受到奖金池更多的分配；若自行跳槽，就不能享受到奖金池的分配。通过这种方法，能稳定大批优秀员工、技术骨干和管理人才。员工工龄越长，表现越突出，积分越高，他们的思想就越稳定。

企业频繁出现员工跳槽的现象，主要会给公司老板造成心灵上的创伤。许多老板真诚地对待员工，呕心沥血地精心培养员工，但是在金钱和大的平台面前，员工往往会忘记企业对自己的培养，即使是记得，也只会觉得抱歉，还是照样会跳槽。

除此之外，积分记录能很好地展现员工的思想动态。员工的积分下降，预示着员工的思想有变化，公司可以提前对员工跳槽做好准备，调整人力资源的配备，避免因人员突然变动给公司带来损失。由此可见，有效地运用积分管理，不仅能解决公司运营中的大问题，更能有效防止员工跳槽。

有关做好留人机制的方法，我们将在后面的章节跟大家详细介绍。

作业：

（一）请说明你的公司的留人机制。

（二）目前你的公司的留人机制是否有助于把公司的优秀人才留下来？

十一、如何解决老板离场管理的问题

思考：

（一）你的公司有没有出现过这样的情况：老板在是一个样，老板不在又是一个样？

（二）你一年有多长时间在外出差？出差时还在操心公司的管理吗？

每个人在生活中扮演着不同的角色，每个角色演绎着不同的人生，也承担着不同的责任和义务。老板也是如此，在生活中，他除了扮演老板这个角色之外，还扮演着其他角色。所以，老板会经常离开公司去处理其他更重要的事情，而公司离场管理的问题一直困扰着他们。

很多老板在离场之后是这样做的，但这种方法治标不治本：

第一步：告诉员工应该做什么。

第二步：告诉员工做好的标准是什么。

第三步：告诉员工该怎么做。

第四步：放手让他去做。

采用这种方法，公司可能会出现以下情景。老板离开公司前，把工作交给下属，才刚出门，下属的电话就来了："刘总，小李不听我安排呀！""小贝今天没来上班，这项工作今天不能完成，你可以打个电话跟她说一下吗？""刘总，今天下午有个客户要来拜访，指定要见你，怎么办？"

老板出差或者外出学习是常事，但是前脚刚出门，后脚就有员工打电话过来请示一些小事情，让老板虽感觉很无奈，但也只能出手解决问题。这些小事情本不该老板来做，结果都让老板做了，定战略、定方向、作决策的老板却被员工"拖住"，这对企业和员工都是不利的。

如果老板不在公司，应该让下属学会怎么做，这就是管理学中的"离场管理"。如果老板离开的时间比较长，就会很担心，因为不知道员工做了什么，做得怎么样，心里没有安全感。

老板离场管理的最高境界就是做到公司什么事情都可以管，也可以什么事情都不管。为什么凡事都可以管？因为资产是你的，所以你有资格管。为什么凡事都可以不管？因为有团队在管，所以你什么事都可以不管。

积分管理让每个管理人员都有奖扣分任务。每个管理人员既要随时发现公司每个部门、每个岗位存在的问题，又要观察员工的表现，还必须要完成自己的奖扣分任务，促使每个管理人员要认真地管事。若管理人员在周期内未完成奖扣分任务，就要扣除管理人员本人的积分。

当员工发现老板不在公司，照样有人在奖扣分，才能真正实现"老板在与不在都一个样"，员工都会认真地工作、付出。

既然管理人员拿了职务工资，就应该认真地去管理。在管理中发现了问题，应该及时去处理，处理要与奖分和扣分挂钩。

通过积分管理的数据可以看到员工近段时间的表现，员工的工作做得怎么样。可以直接从员工的积分排名变化中看出员工的表现；员工在哪些方面进步了，哪些方面需要改进，老板只需要通过手机软件就可以看到这一切；将员工上个月的工作情况和结果与这个月进行对比，积分有上升，说明这名员工有进步和变化。

相反，如果某名员工在一段时间内，积分下降得厉害，就说明这名员工在工作上存在问题，或者说在工作上遇到了什么困难，又或者是准备离职，管理者要及时发现和解决这些问题，企业才会做大做强。

无论老板在或者不在公司，员工都用心工作，因为他们要挣分。积分关系着员工的待遇和福利，员工当然不会因为老板不在而不去挣分。无论老板在与不在，员工都不会很在意，员工在意的是如何提高工作效率，完成目标，拿到更多的积分。

这时候老板的管理就很简单了，不用每天都钉着员工工作，空出了很多时间去学习，去定战略和方向，这不就是很多老板想要的结果吗?

十二、如何解决管理层执行力不够或不作为的问题

大家有没有听过这样一个故事：一只狮子带领的一群绵羊能够打败一只绵羊带领的一群狮子。意思是指**员工能力再强，管理者能力不强，整个团队都是不行的；如果管理者能力强，这个团队也不会差到哪里去。**

因此，在一个企业里，有能力的管理者对执行团队来说至关重要，其中管理者在企业运行中起到了一个承上启下的作用。如果管理者能力不够，就相当于企业内部断层了，哪怕老板能力再强，有再好的方案，到了管理者这里也执行不下去。员工能晋升为管理者，说明员工有一定的能力，但是为什么成为管理者之后，执行力反而下降了呢?

大部分管理者是从基层普通员工晋升上来的，他们缺乏管理能力和执行力；公司的管理制度不够明确，管理者怕得罪人而不作为，对待工作的态度也是睁一眼闭一只眼。长久以来，这些因素导致团队变得懒散、执行力差，公司效益下降。

但管理者最重要的工作还是管人，如果管不好，员工不听指挥，再好的方案都无法落地，企业还怎么谈发展呢?

管理者在管人的时候一定要知道员工做了什么，每天要求员工做的事情都要有一个目标和结果，要能够细化并可以完成。员工完成的结果该如何考核呢?

采用积分的形式，给管理者提出一个要求：当月要奖300分出去，按照奖扣比例10：1进行奖扣分。管理者在周期内未完成奖扣分任务的，未扣出去的或者是奖出去的积分就要从管理者本人的积分中扣除。

如果公司有多个管理者，哪个管理者做不好、执行不到位或不负责任，他的积分就会很低，我们就要考虑对其做降级处理或进行淘汰。

对于晋升或者涨工资，积分低的管理者几乎没有什么机会，这也是一种对管理者的淘汰方法。淘汰能力不强的管理者，让优秀的管理者晋升，这样公司的执行力才会提升。当然，管理者在管理员工的时候也要有一定的好处，让积分与好处挂钩，管理者的执行力自然就提升了。

十三、如何做到订单按时、保质、保量完成

你的公司是不是也出现过订单不能按时完成的情况，有时哪怕按时完成了，产品出现的质量问题也比较多？

如果你遇到过这些问题，那么下面的解决方案你就要仔细看，这是我们在服务很多家企业之后总结出来的一套解决方案。在企业导入这套解决方案之后，员工对待工作的态度改变了，由漠不关心变得认真负责，愿意操心订单的事情。哪怕订单再多，员工还是愿意加班加点赶工，保证订单能够按时完成。

为什么员工不能按时、保质、保量完成任务？因为员工按时完成任务也没有获得什么奖励，不能按时完成任务也没有任何损失。若产品质量出现问题，责任也不是由员工来承担。在这样的情况下，你觉得能靠员工自觉地按时、保质、保量完成任务吗？

公司接到的每一个订单，都需要各部门和生产人员参与；生产环节较多，就需要有负责人来跟踪、落实。规模不大的公司，往往由老板亲自盯单。若老板有事离开现场，员工工作就会出现惰性，工作效率不高，导致订单不能如期完成。稍不注意，就可能会出现产品质量问题，甚至造成返工，给公司带来一定程度上的经济损失。

订单完成的时间延迟，出货的产品质量低，会给公司带来不同程度的经

济损失，甚至影响公司的信誉，令客户不再信任公司，阻碍公司的发展。时间长了，所带来的后果是我们不敢想象的。

规模大的公司，一部分业务靠管理人员盯单，来保证按时、保质、保量完成订单。我们去某工厂了解情况时，曾有很多管理者反映：对于产品的质量问题和工期问题，他们已经无计可施了。

如何保证订单按时完成?

要保证订单按时完成，实际上并不简单。首先要做的是确定订单的责任人；其次要对与订单相关的工作进行分拆分组，设置不同的PK机制，让所有员工积极参与其中。当然，PK机制里面最重要的是积分，积分要跟工期、质量挂钩，组与组之间交叉检查，相互监督；积分还要与提成、奖金、福利待遇挂钩。如出现质量问题，最高可扣2000分。通过这一管理方法，员工的积极性提高了。

这个方法效果特别好，但是在实行过程还有很多小的细节需要注意，不同的公司解决的方案不一样，很多公司会找我们上门辅导，一对一地制定方案和落地实施。

若公司强化了管理人员的责任，实行了差错损失与负责人积分挂钩，让管理人员的责任心与事业心有了很大提高，公司业绩会明显上升。同时，员工会按时、保质、保量完成订单，客户的满意度明显提高，公司效益便与日俱增。

十四、如何树立企业标杆，评选优秀员工

现时，不少中小型企业的老板并不重视评选标杆和优秀员工的工作。我们在实践的过程中，与很多老板交流后发现，几乎每个企业都想评选几名优秀员工，但这并非易事。先不提评选工作给企业带来的麻烦，评选出优秀员工还可能引发其他问题：其他员工不服、抱怨，继而影响工作积极性。所以，该制定怎样的标准来评选优秀员工也是一个难题。

我们不难发现，相较于其他部门，业务部门更容易评选出优秀员工，原因在于业务部门直接按业绩来判断员工优秀与否，但是其他部门却没有评判

标准。

员工有对比才有进步，有对比才有动力。不管是在哪个时代、哪个年龄阶段，员工都需要榜样。榜样是一种内在的驱动力，不断与比自己更优秀的人作比较，可以提升自己内在的动力，让自己变得更加优秀。

雷锋是不少人小时候的榜样，我们会向他学习助人为乐的精神；学校还在文化墙贴出了优秀学生的照片和简介，鼓励大家向这些优秀的学生学习；企业同样可以如此。倘若员工在企业里面找不到榜样，那么员工做事便没有动力，没有目标。在工作一段时间后，员工处于职业瓶颈期时就很可能放弃。所以，在企业里面树立榜样是很重要的。这些榜样是员工学习和模仿的对象。那企业该怎么评选出榜样呢？以前大多数是由领导推荐或者是由员工推荐，但评选出来的总是那几个人，甚至有员工嘲讽："下次不用评选了，就是他们几个，还省了评选的时间呢。"树立榜样除了能让员工学习，也能让员工看到希望，认为自己只要努力也能成为榜样。若榜样由领导评定，缺乏公平性，久而久之，员工对榜样也是没有感觉的。

企业如何才能评出真正的优秀员工呢？

用积分记录员工的工作业绩和综合表现，既反映了员工如何做事，又反映了员工如何做人。在月底、年底按照积分排名评选，谁的积分高，谁就是优秀员工。这种方法既简单，又能得到大家的认可，从而使优秀员工真正起到榜样的作用。实行积分管理以后，每天都有积分排名，相当于每天都在评选优秀员工。

十五、如何解决分外的事情没人做的问题

任何企业都有很多分外事，或者是突发事件。这些事对于企业来说不解决不行，但这些事杂、散、乱，难以请专人去处理。这些只是顺带的工作，员工只要抽出一点时间就可以做好。在我们园区有一家公司，由于员工下班时大意了没关窗，小偷趁机进去把电脑主机上的硬盘偷走了。而这家公司最重要的资料都在硬盘上，这便导致这家公司损失严重。

其实员工下班的时候多数是几个人一起走，**那么这几个人为什么没有检**

查一下呢？企业里面分工明确，员工该做什么就做什么，这一点是很好的，任务分清楚了责任也就分清楚了。但是这也有一个弊端，那就是员工只做自己的事情，其他的事一概不管。总的来说，很多员工对企业的其他事很不上心，反正出了什么问题也不会怪在自己身上，所以不愿意花时间去做这些事情。

某公司请了一个清洁阿姨帮忙做卫生，其实工作量不大，就是拖地、擦桌子、浇花和倒垃圾，以及办公室里面的其他卫生工作。如果清洁阿姨有事请假一周回老家，这一周的卫生该由谁来负责呢？

老板安排员工去做，员工都不愿意，因为这不是他的责任；员工即使去做了，内心也是抗拒的，老板也没有办法，这的确是分外的事情。

这种情况在企业里面很常见，只要是分外的事情，员工都不乐意去做。很显然，员工之所以拒绝去做分外的事情，是因为分外的事情会让员工觉得自己多干了一份活，却没有涨工资或得到任何好处，员工内心肯定是抗拒的。

解决分外的事情最好的方式是采用积分管理。主动去做分外的事情的员工都有奖分，不愿意做的员工也不会被扣分。相对于其他加分的员工，不愿意做的员工分数就低了。将积分与年终奖、福利待遇、其他奖金挂钩，积分越多，奖金福利占比就越多。有了这一个规定，员工就会主动承担这些分外的事情了。

十六、如何让公司员工变成精英

精英员工每一家企业都想要，但是精英自己找上门来的概率几乎是零，而且不可能所有员工招进来的时候就是精英。最好的办法是让自己公司内部员工变成精英，这是企业老板想要的，也是员工想要的。

想要让员工变成精英，就要想办法提高员工的能力。任何人的能力都可以通过学习和培训来提升，但是员工往往坚持不了，三天打鱼两天晒网，道理都懂，但就是不想去做。比如说，现在的人都知道，锻炼身体很重要，但是坚持锻炼的人有多少呢？很少有人能坚持下来。为什么呢？因为并非人人都有坚定的意志力。**那么，作为管理者，如何才能让员工坚持学习呢？怎么让员工主动学习并分享学习心得呢？**

员工主动学习和被动学习的效果是不一样的。比如说，公司定期举行读书会，最初是为了让员工提升自己的学习能力，但是渐渐地，读书会表面上是学习交流，实际上成了员工之间聊八卦的借口，一点效果都没有达到。当然还有一些员工不愿意参加，一到读书会或者是培训时间，他们就找借口不去，后来连借口都懒得找，直接不参加了。

员工拒绝参加公司组织的读书会、学习会等活动，公司也束手无策，因为这些活动参加与否由员工自己选择，**员工不愿意参加并不违反公司的规章制度，不参加本身就没有错也不会被扣钱。**

面对这样的局面，企业老板也很无奈。明明提升员工的能力对双方都有好处，最终却成了老板一个人关心的事，吃力不讨好。

对于培养精英员工，一定要有考核，但怎么考核也是一个难题，而积分管理就可以有效地解决这个难题。

同样是学习会，同样是自愿行为，引入了积分管理，效果就不一样了。

比如说，对于来参加学习会的员工，每个员工奖励100分；对于不来的员工，不奖分也不扣分。来的员工比不来的员工多出了100分，相当于不来的员工就失去了100分。当然有人会认为，有些员工只是单纯地为了赚分而来参加学习会，对于提升他的能力并没有什么太大的作用。

其实并非如此，我们还可以多加一条规定：在学习会上开展经验交流和学习交流，愿意分享的员工奖分，不分享的员工不奖分。之前，有些员工仅仅是为了参会有奖分才来的，来了几次之后，别人都因为分享有奖分而自己却没有，他就会心有不甘，便会从被动学习变为主动学习。

这种方法能提升公司员工的整体素质，但我们也要进行考核：在一段时间内进行测试调整，如员工要达到什么样的标准，员工的能力是不是提升了，等等。只要我们把各种培训落实到位，及时考核，员工的能力得以提升，那么这个员工变成精英就指日可待。

十七、如何做到员工周末和节假日自愿加班

每个企业的业务都有淡季和旺季之分，淡季的时候员工不需要加班，旺季的时候就需要加班了。但是员工在淡季的时候已经形成了不加班的习惯，到了旺季再要求他们加班是很难的事情。老板没办法，为了让员工加班，只能一味地增加加班补贴，但这并不能从根源上解决问题。那要怎么做才能让员工自愿加班呢?

逛街与加班的选择。

周末，小龙被女朋友拉去逛街，刚来到商场，他的手机突然响了起来，是公司老板打过来的。老板说："小龙，你现在马上赶回公司加班。公司前天做的那个项目出了一点小问题，对方情绪很激动，要求我们马上给他们处理，如果处理不好，我们公司是要全额退款的。你对这方面比较了解，如果你今天回公司加班，给你发双倍的工资!"小龙说："我正在和女朋友逛街呢，准备等下去看电影。"

小龙的女朋友问："发生什么事了？"小龙说："公司打电话叫我加班，给我双倍工资，我去还是不去呢？"

小龙的女朋友直接从口袋里掏出200元给小龙，说："你不要去了，我给你双倍工资。"

最后，小龙没有去公司加班。但如果用积分管理的话就不一样了，你来加班就有积分，加的积分是长期有效的。到了年底，哪怕多1分可能奖金福利就不一样了，更何况这个积分还和买房、买车、旅游等福利挂钩。

积分无价，所以才显得珍贵。赛跑运动员的第一名比第二名快几秒甚至不到一秒，但他们的命运却完全不一样。

很多企业都做过百度竞价，百度竞价从最开始的三角钱点击一次发展到今天，有些关键词点击一次要花费一百多块钱，这些价格是竞价上去的。其实挣积分也是一样的道理，第一名和第二名只差一分，第二名和第三名也只差一分，但是他们享受的福利待遇完全不一样。

要让员工自觉、主动地做这件事情，只有让他们通过这件事获得自己想

要的结果才可以。加班是为了自己的利益，包括长期利益和短期利益。长期利益是指分红、分股份等，而短期利益就是指奖金，比如加班就能拿到加班费。

在前面我们有说到奖金池，员工可用积分兑换奖金池里面的奖金、福利、干股等。比如全勤奖，如果每个人的全勤奖都是200元的话，公司有100名员工，那么全勤奖就有2万元，一年就有24万元。如果说全勤奖有24万元，员工会不会重视考勤呢？

这24万元的全勤奖可以根据积分来分配，加班越多的员工，分到的钱就越多，这就能激励员工主动加班。积分还与其他福利挂钩，员工当然愿意主动加班了。

十八、如何提升公司业绩

对于一个企业来说业绩最重要，业绩有了，利润倍增，企业才能赚到钱。但是实际上，提升业绩是老板最头痛的问题。公司要面临的是竞争激烈的市场，市场瞬息万变，很多企业由于管理的问题一夜之间消失在人们的视野之中。

想要提升业绩就要做好销售、做好营销。现如今，企业都在通过网络营销来推广自己的产品，想要提升业绩更要重视网络营销。那如何才能提高网络营销的业绩呢？参照图4-8。

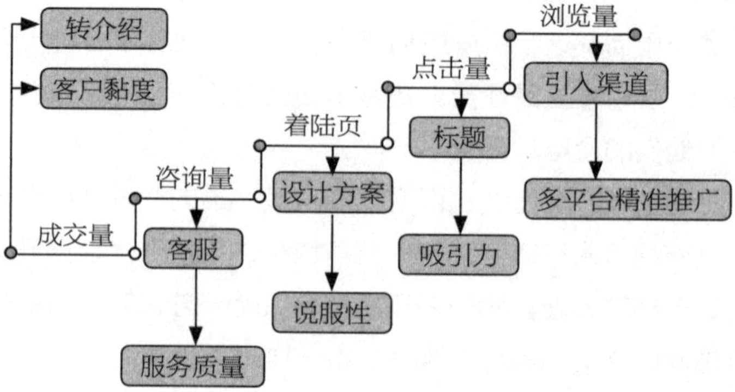

图4-8 网络营销流程

公司要提升业绩，同样也需要团队；而团队则需要管理，需要机制。只要有了流程和标准，就能够解决公司业绩提升难的问题。想要提升业绩，浏览量的作用就非常重要了，可通过图4-8中的“引入渠道”来实现，微信、头条、百度、阿里巴巴、淘宝、天猫等各种平台都是引入渠道，引入渠道越多，就意味着流量越多，成交的机会也就越大。

比如说头条的推广，我们可以按照头条的点击率来记分。假如公司请了专门的人员进行推广，只要有1万次的点击量，我们就给这名员工加100分。用微信推广同样可以通过阅读量、粉丝量来加分，只要把考核标准做好，多招员工就能更好地解决浏览量的问题。

但是有了浏览量还不够。我们在网络上看东西，大多是被图片和标题吸引才会点击进去，没有经过策划的标题是没有吸引力的，或会导致文章的点击率偏低，文章点击率低浏览量就少。这部分工作我们是不是需要考核呢？

文章、网站内容能不能吸引到客户是很关键的。你的内容有没有说服力，有没有让客户有直接购买的冲动，能不能给公司带来利益，这些指标十分重要。

比如文案工作，这需要专业的人员来策划。我们可以采用师傅带徒弟的形式，给师傅额外加分；也可以采用培训的形式，使员工能力得到提升。**总之，方法有很多，关键是要提升员工的能力。**

客户点击你的网站之后，客服人员的响应速度和话术会影响网站的成交量。客户在网上咨询，若3分钟之内没有得到回复，客户就走了。所以我们要设定一个标准：凡是网络接待的客服人员，1分钟内没有回答客户的，或是话术不标准的，就要被扣分。这些是态度问题，只有客服人员的态度好了，成交量才会上去。服务好，产品不错，有了成交量，客户便愿意帮我们转介绍客户。

假设我们要增加50%的浏览量，应该怎么做？原本一个人做推广，现在增加到两个人，浏览量是不是增加了？如果标题经过精心策划，点击量提升10%是不是就变得简单了？见图4-9。

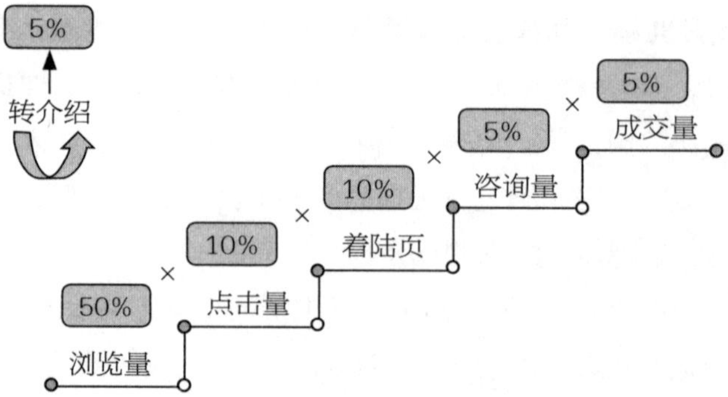

图4-9 业绩增长示意图

我们再来看一个通过管理来提升业绩的案例：

东莞厚街的一家酒店前几年的生意特别好，但是最近几年由于经济形势不好，生意差了很多。这家酒店老板得知我是做企业管理的，邀请我去他酒店看看有没有办法提升业绩。

酒店的老板向我介绍，前台接待员与收银员是两个独立的岗位，前厅部又分订房人员、礼宾人员、总机话务员、大堂副理等多个岗位，共有31人。我2018年4月到这家酒店，经仔细观察，我发现员工对工作的热情度不高，对重复性的劳动产生厌倦情绪，对日后的发展不抱希望。

于是我对人员进行了调整和整合。首先将前台接待员和收银员两个岗位进行了合并，一名前台接待员的工作不仅是登记入住，还有结账退房。这样就将两个岗位原有的16人减至10人。其次，将订房人员与总机话务员岗位合并，变为总机预订岗位，工作内容也合为一体，人员便由原来的6人减为4人。最后将大堂副理与前台主管岗位合并，大堂出现的各种投诉、宾客接待等问题都交由前台主管处理，撤除大堂副理岗位。

整合前期，部门做了大量的准备工作，包括对员工进行思想教育，以及对员工进行长时间的理论及实际操作培训，让员工充分掌握不同岗位的专业知识及技能，最终实现有效合并。这些方案的实施不仅使客人能够得到优质便捷的服务，还能让员工掌握多项技能，对个人发展前景充满希望，从而使酒店实现人员精减。

截至2019年上半年，该酒店的前厅部员工由原来的31人减少为22人，一年可为酒店减少各种费用达几十万元。同时，员工的工资及福利待遇得到有效提高，酒店与员工之间达到双赢，为企业节省了人力成本，创造了更多利润。

十九、如何改变员工态度问题

管理的一切问题都是由员工的态度和行为引起的。员工的不满态度受各个方面的影响，有人是因为在生活中本来就是一个“抱怨者”，有人是因为公司分配不合理，有人是因为公司群体有抱怨而受到影响。

不管是什么原因，员工的态度问题会直接影响管理者的心情，影响这家公司的工作氛围，影响这家公司的执行力，影响这家公司的绩效，最终影响这家公司的发展。

每个管理者都知道态度的重要性。传统的管理方法是通过教育、讲道理、培训和拓展来提升员工的态度和执行力，但是这种管理方法收效甚微，不能量化，不能起到点对点的激励作用。对于员工的各种错误，老板或管理者劝说员工一次，员工的态度只会改变几天，时间一长，问题又重复出现了，而老板或管理者由于精力或时间有限，最终放弃继续劝说员工了。

积分管理怎么做到解决员工的态度问题?

上级安排的工作员工不愿意接受——态度问题；员工做事不积极——态度问题。若管理者多次劝说，员工仍然不改正，那又是什么问题呢?

某一家玻璃厂，有4名司机开车送玻璃，司机的学历都不高，年龄偏大，他们爱好斗地主和打麻将，经常通宵赌博。公司针对这种情况制定出了很多规定，其中一条就是不允许赌博，可是员工仍在下班之后偷偷地赌博。

后来，一名司机连续几个通宵都在赌博，第二天送货，因疲劳驾驶发生了严重的交通事故，导致这名司机当场死亡，给企业带来严重的损失。

还有一家钢结构企业，电焊工在喝酒之后来公司加班，不小心触电身亡。面对这些由小问题造成的大问题，管理者不得不思考解决之法。企业里面有无数个小问题都是态度造成的，这些小问题很可能会引发大问题，甚至导致企业倒闭。

如何用积分管理来解决这些问题呢？

员工第一次犯错误，我们会用扣分的方式给员工警告，第二次加倍扣分，第三次、第四次在加倍的基础上再加倍扣分。如果这名员工连续几次被扣分，说明这名员工的态度有问题。

若出现宿舍里有人打麻将的情况，打麻将的员工会被扣分，举报的员工可获奖分。用扣分的形式给员工提出警告，让员工通过积分改善态度。

再以员工穿工衣为例，某家专卖店对员工的形象是有要求的，但有些员工并不在意，经常不穿工衣来上班，店长问起来，员工总是找借口："我今天不是从宿舍过来，所以没有带工衣。"

公司的规章制度规定，不穿工衣要扣钱，可是员工很反感扣钱这种处罚方式。某名员工有两三次没穿工衣，店长就按制度扣了这名员工的钱，结果这名员工常找借口跟店长吵架。可是不扣钱又怎么管理呢？怎么让员工长期遵守公司的规章制度呢？

服务态度的问题可以参考本章第三节"如何增强员工的服务意识"的相关内容，员工的态度比能力更重要。有些能力强的员工无视公司的规章制度或者明知故犯，态度不好，即使能力再强，大多数企业还是会选择放弃；虽不能说态度决定一切，但是如果有两个员工同时过来面试，能力差不多，老板肯定是愿意选择态度好的员工。

员工的工作态度对一个企业来说是很重要的，也是企业老板最为头疼的问题。员工工作态度不好，这并不违反公司的规章制度，道德也约束不了态度的问题。但员工的态度问题确实影响了企业的文化，那企业到底应不应该管理呢？

企业发展不是靠一个人奋斗，而是靠整个团队一起协作努力。当一个员工因为态度问题而影响了整个团队，企业要管，但并不是开除这名员工，这样的做法治标不治本，开除了一个员工明天还是会有同样态度的员工出现。所以，改变员工的态度才是解决问题最根本的途径。

对于员工态度上的问题，我们提倡用企业文化去解决。很多企业平时并不看重这一块，或者说不知道该如何着手去建设企业文化，但是不可否认的是企业文化在企业发展后期的作用会越来越明显。

比如领导安排员工做某项工作，员工没有拒绝，但是他很不开心，到处说公司的坏话，认为领导老是安排他去做一些难度比较大的事情，还抱怨企业目前的状况。

这种消极的氛围很容易扩散，其他同事在听完他的抱怨之后，原本打算离职的员工离职的心就更加坚定，不想离职的员工可能也会产生离职的想法。

企业好不容易招到一个新员工，新员工还在试用期就一直听到老员工的抱怨，甚至听到公司的各种坏话。毫无疑问，新员工一般很少有机会和老板直接接触，他们接触最多的是同事，如果同事在背后偷偷地说公司坏话，那么新员工很可能会受到影响，还没有过试用期就直接走人。

这对新员工来讲，并没有什么损失，但是对于企业来讲，前段时间的招聘工作和培训所花费的人力、物力和财力就浪费了。**所以说，想要留住人和改善员工的态度，首先要建设好企业文化。**至于怎么建设好企业文化，我们在本章第一节"如何建设良好的企业文化"中也有提到。

我们现在要做的是改善员工的态度。那些对工作比较积极，而且态度好的员工，要给他们加分；那些说公司坏话，甚至是对工作有抵触情绪的员工，要扣分。传统的做法是对员工进行教育，但是效果不明显，他们往往"左耳进右耳出"，不该犯的错误还在犯，根本解决不了问题。

这个时候就要用积分管理。凡是说公司坏话或者以消极态度对待工作的员工，会被扣500分，而积分又与福利待遇、奖金挂钩，员工想要传播消极情绪的时候就会掂量一下。这种惩罚力度既不会引起员工反感，也能给传播负面消息的员工提一个醒。

如果上述这名员工屡教不改，他的积分就会比别人少很多，在分福利和奖金时他可能什么也没有，还有可能面临降工资的处罚，这样借助积分管理，能让员工为自己的行为付出代价。

企业想要做大做强，必须要先清除那些带有负能量的员工。清除不一定是开除，而是指解决员工的态度问题。

二十、积分管理如何落地阿米巴

在讲阿米巴之前，我先向大家介绍一位企业家——日本“经营之圣”稻盛和夫（图4-10）。稻盛和夫27岁创办京都陶瓷株式会社（简称京瓷），52岁创办第二电信KDDI，这两家企业都进入了世界500强。

图4-10　日本企业家稻盛和夫

很多企业家都了解过阿米巴管理模式和稻盛哲学，也很认可阿米巴的经营模式。我本人也非常喜欢稻盛哲学，可以说稻盛先生是我的偶像。

2010年2月1日，78岁的稻盛和夫出任经历破产并重建的日本航空公司董事长。到2011年3月底，共424天，他仅用一年多的时间就创造了日本航空公司历史上的最高利润，是“全日空”利润的3倍，而前一年同期日本航空公司的亏损额达1800亿日元。

稻盛和夫所采用的管理模式就是阿米巴，阿米巴的实践体系是以稻盛经营哲学“作为人何为正确”为原点，把组织划分为一个个小团体，通过独立核算加以运作，在公司内部培养具备经营者意识的领导，实现全员参与型经营模式，旨在建立员工与企业的共同体。

京瓷发展的原动力是什么呢？

1. 卓越的领导能力

稻盛哲学——以人心为本的经营理念与稳固坚实的经营哲学。稻盛哲学以“作为人何为正确”为原点，践行六项精进。所谓六项精进，指的是：

（1）付出不亚于任何人的努力。

（2）要谦虚，不要骄傲。

（3）要每天反省。

（4）活着，就要感恩。

（5）积善行，思利他。

（6）忘却感性的烦恼。

很多人看过稻盛和夫所著的《活法》《干法》，都想在企业落地和践行阿米巴，而阿米巴落地的最基本条件是践行哲学，也就是践行六项精进。

如何落地践行六项精进和稻盛哲学，成为企业实行阿米巴的拦路虎，如果这一关过不了，企业根本没有办法去落实阿米巴管理模式。

2. 经营理念的确立与渗透（统一方向）

企业文化的确立，是企业存在的目的，也是企业的目标、奋斗的方向。大家要理解"渗透"这两个字，企业要把文化、目标渗透到员工的潜意识中。在当今中国，光靠口号、故事能够将企业文化和目标渗透到员工的潜意识中吗？

小时候，父母经常教导我们要锻炼身体，身体好才能做事；参加工作之后，身边的同事和朋友也经常提醒我们锻炼身体。即使每天都有人提醒我们，但是每天做运动的人又有多少呢？所以说，渗透企业文化和目标重在执行，但关键是怎么执行。

3. 阿米巴经营的实践

稳固坚实的经营哲学，为缜密的部门独立核算制度提供保障。鼓励全体员工树立成本意识，为提高本部门的附加价值而竭尽全力，在附加价值每月提升的过程中，逐渐形成高收益企业体质。

阿米巴经营的目的又是什么呢？

（1）组织结构的创新。

（2）实现全员参与经营。

（3）通过核算衡量员工的贡献，培养员工的目标意识。

（4）实行高度透明的经营。

（5）自上而下和自下而上的整合。

（6）培养领导人。

（7）阿米巴全员参与式经营和赋权。

很多企业制定了很好的哲学管理内容，但是在坚持执行的时候，发现特别困难，无从下手。

如果只通过说教的方式将这些管理内容传递给员工，员工是没有办法深刻理解阿米巴经营模式的，因为员工会认为学习阿米巴经营模式不如提升自己的专业知识重要。如果员工对阿米巴经营模式没有一个正确的理解，会导致践行阿米巴变成形式主义，出现以自我为中心，为了自己的阿米巴的利益而损害其他部门利益的情况，员工也有可能会因为达成目标的压力过大而出现心理疲惫。这就是很多企业无法落地阿米巴经营模式的原因。

想要落实阿米巴的经营模式，把阿米巴经营模式渗透在员工的潜意识中，前期就需要依靠积分考核。

下面是积分落地阿米巴的流程（见表4-10）：

（1）面试，选出愿意学习和改变的员工。

（2）分组PK。

（3）买稻盛和夫的著作《干法》《活法》。

（4）每天执行，阅读书籍、分享心得体会。

（5）得出总积分排名。

表4-10 学习阿米巴导入案例

形式	序列	任务规则	频率	奖分形式	奖分规则	扣分形式	扣分规则	备注
学习任务	1	购买《活法》《干法》	一次性	个人	+20分			
	2	组织学习，分享并讨论	每周	组织者	+10分			
				参与者	+5分			
	3	发现公司问题并提出解决方案	每次	个人	+10分			发现的问题不得重复
	4	分享工作、学习心得100字以上	每天	个人	+10分	个人	-20分	分享时间为20：00—22：30
						队长	-10分	
						组员	-5分	
	5	分享工作、学习心得300字以上	每周	个人	+20分	个人	-20分	分享时间为20：00—22：30
						队长	-10分	
						组员	-5分	

（续表）

形式	序列	任务规则	频率	奖分形式	奖分规则	扣分形式	扣分规则	备注
团队竞争	1	率先完成全组分享	每天	人均	+2分	人均	–4分	
	2	率先完成全组分享	每周	人均	+5分	人均	–5分	

在企业导入阿米巴的前期，积分管理起到了引导和监督管理的作用，真正做到让员工主动学习和分享心得，而不仅仅是一种形式主义。员工把阿米巴经营模式学好了，改变了心态，提高了工作的积极性，企业做大做强就只是时间的问题了。

二十一、如何解决企业员工股权分配的问题

股权是企业的核心，无论是企业内部管理、外部战略合作还是资本运营，都离不开股权。

企业要想发展得好，首先要解决好企业的资金需求、人才需求、资源需求等的问题。企业想要办得长久，其中最核心的问题是对人才的需求。没有人才一切都是空谈，留不住人才的企业注定走不长远。

所以很多企业为了留住优秀人才可真是煞费苦心，除了升职加薪，还提出了股权分配的重要条件。若股权机制用得好，便能让员工发自内心地忠诚奉献，主动承担责任。

若股权机制用得不好，会导致企业出现分配不公平的现象，员工不服气，人才更加留不住，这给企业造成的损失往往是不可估量的。

（一）常用的四种股权分配类型

（1）身股：在职股，在企业工作就有，离开企业则无效。

（2）银股：出钱购买的股份。

（3）期权股：未来一定时间才能使用的股份。

（4）注册股：在工商局备案的股份。

有很多企业因为股权分配问题导致企业内部关系紧张，甚至导致人才流失率高。**到底用不用股权、该怎么用股权成了企业老板面临的难题，为什么今天的企业老板都在为这个问题感到头疼？**

很多企业在设置股权分配时没有标准，很大程度上受到主观因素的影响，如企业老板觉得他行，就给他相应的股份，但这样的做法往往有失公平。

列举一个典型的例子：某公司的王总因为股权用得不好，导致自己进退两难。王总的说法是A员工的表现十分突出，业务能力很强，深受他的喜欢。为了留住A员工，王总就给了A员工相应的股份。

刚开始，A员工做事积极，业绩也是最高的，但是过了一段时间，A员工的表现越来越差，业绩也慢慢下降了，工作积极性也不高了，工作表现就和大多数员工一样，没有做错事但也没有了以前的拼劲。此时，王总想要收回股份来激励其他的员工，但这个做法明显不可行。王总的初心是把股权转让出去以留住优秀人才，没想到这一做法让自己栽了一个大跟头。

而积分管理则360度全方位考核员工，不仅考核员工的工作能力，还可以考核员工其他方面的表现，为企业合理分配股权提供合适的标准。

同时，积分管理也可以简单高效地解决股权的分配问题，用数据直接说话，有标准、有依据，既能体现公平，又能起到留住人才的作用。

（二）股权分配的三种方式

1. 增量式分配干股

我们可以采用增量式分配干股激励员工，这是一种类似奖金池的分配方式，可以参考图4–11。

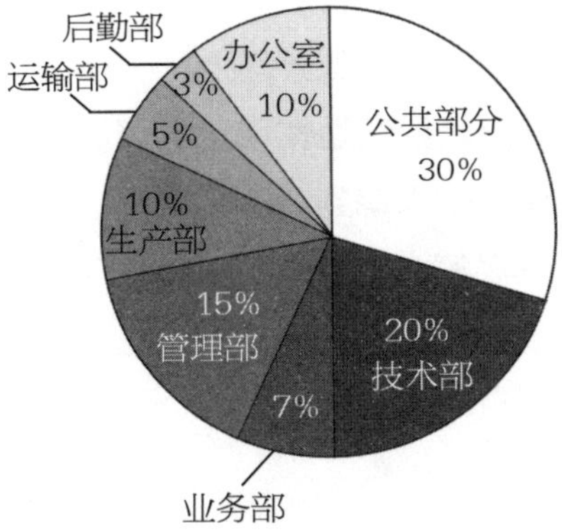

图4-11 奖金池分配占比

2. 积分干股

企业在分配干股时没有依据和标准，在分配上出现了很多难题，导致企业的股权分不出去，员工又留不住，企业老板想要改变这种局面却不得要领。要解决股权分配的问题，企业可以采用积分管理，所有股权的分配都要设置门槛，积分排名靠前的员工才有机会获得股份。

干股根据积分排名分配，通常按6%分配，例如：10万干股，第二年可分6000元，连续3年积分排名靠前的员工的干股有机会转换为实股。有关积分干股配送方案，我们将在后面详细介绍。

这样的分配方式有利于在员工之间形成一种良性的竞争，让员工意识到积分的重要性，从而努力去挣积分，促使员工改变对待工作的态度，由被动变成主动，工作的积极性自然而然就提高了。

3. 直接给股份

该如何平衡企业股东、高管和员工之间的股权分配呢？

若某公司今年的业绩目标是1000万元，年底业绩超出了预计的目标，公司按照比例（此前管理层协商好的）拿出100万元来激励员工，那么应该如何分配呢？若股东占比60%，拿走了60万元，剩下40万元又该如何分配呢？很多公司面临着类似的问题，赚了钱也不知道该怎么分配。

假设高管占60%，普通员工占10%，投钱、干活的员工占30%。如果在高管或员工之间采用的是平均制，每个人得到均等的奖金，那么就起不到激励的作用。企业在设置奖金分配机制时，一定要考虑它的激励作用。

采用积分管理，既可以起到激励作用，也可以做到公平公正。不管是高管还是员工，积分排名靠前的人拿到的奖金更多。假设四个高管要分60%的奖金（24万元），积分排名第一的占50%，第二的占30%，第三的占20%，排名最后面的就没有奖金。员工的分配制度也是一样，由积分高低来决定奖金多少（见图4-12）。

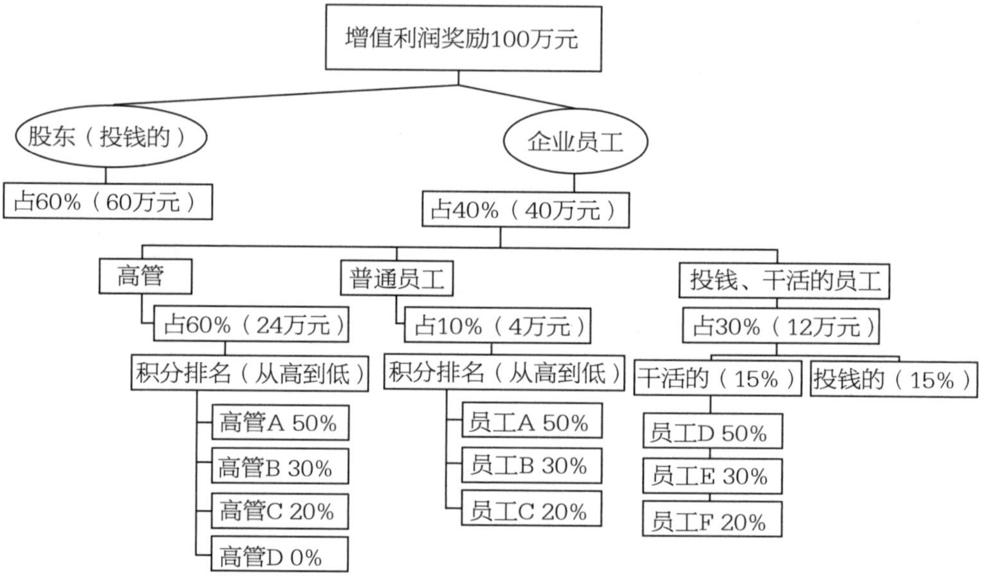

图4-12 增值利润分配

05

企业倍增的实操案例

一、互联网行业公司案例

某互联网科技有限公司是一家专业致力于互联网技术研究、开发和应用的高科技企业。公司的使命是成为行业内领先的智能管理体系建设服务商，希望每位员工把各自的工作和岗位看作在公司这个平台上的创业机会。

公司出现的问题：员工很忙，但产值却一直无法提上去，导致每个月制定的业绩目标只能完成60%～70%。公司老板在了解我们的管理方式后，最终选择与我们合作，我们亲自到企业调研、实施落地，帮助企业制定了年度战略目标。

（一）年度总目标

公司制定了2018年度发展的两个目标（见图5-1），围绕这两个目标，通过鱼骨图分解出关键因子，再分解形成若干个子目标，继而将每个子目标细分成若干个二级子目标，由二级子目标形成每个部门的关键目标，最后由每位员工分解部门的目标，形成个人关键目标。

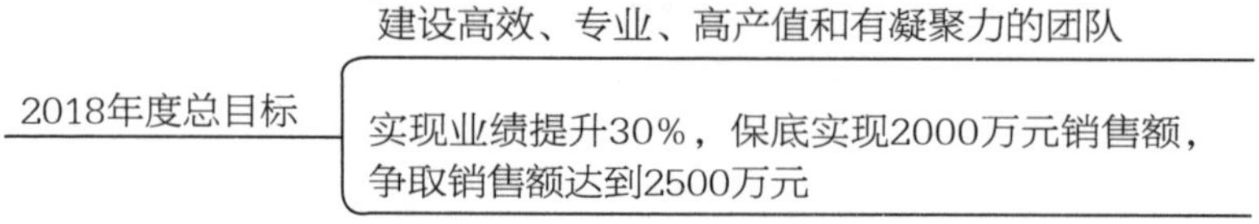

图5-1 某公司2018年度总目标

将公司整体目标分解成各个部门的关键目标，再分解成每个人的关键目标，继而量化关键过程，最终形成一个目标管理体系。

公司在2018年6月落地该计划，正式导入倍增管理模式。以下整个目标管理过程按季度的目标制定，以第二季度为周期，部分岗位直接从第三季度进行设定，这取决于各个团队的学习转化能力。

（二）目标的分解

建设高效、专业、高产值和有凝聚力的团队的公司目标可分为5个子目标，分别是企业文化建设、人力资源建设、行政后勤保障、制度流程建设、完成销售任务，并对每个子目标进行了细分，形成一条完整的鱼骨架构（见图5-2）。

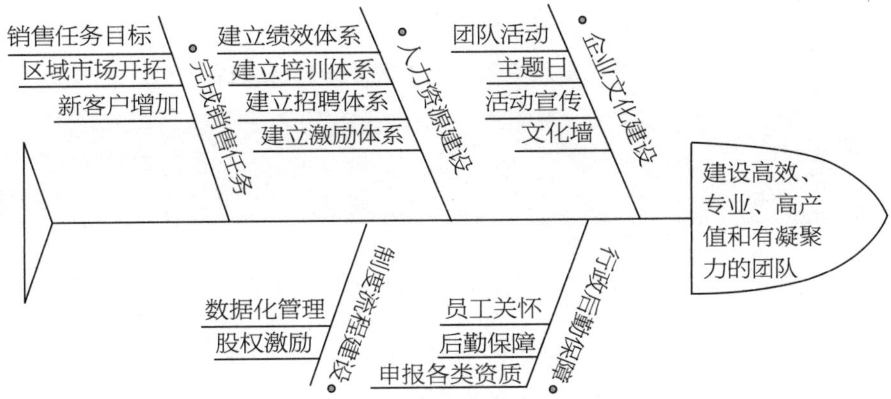

图5-2 团队建设目标鱼骨架构

对实现业绩提升30%，保底实现2000万元销售额，争取销售额达到2500万元的目标进行分解，得出7个子目标，分别是销售、客服、行政、财务、研发、采购、质量，并对每个子目标进行了细分，形成一条完整的鱼骨架构（见图5-3）。

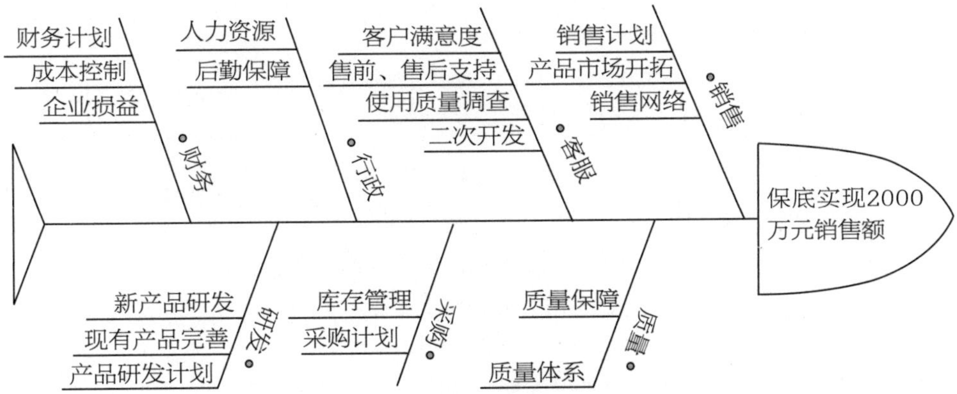

图5-3 销售额总目标鱼骨架构

（三）各部门各岗位的目标管理

1. 人力资源部

人力资源部小王的季度目标管理见表5-1。

表5-1 人力资源部小王的季度目标管理

关键指标	目标	关键结果	权重	积分	
				过程得分	结果得分
招聘	招聘评估工作	招聘数据分析：面试率（每天目标寻找20个有效人才信息）、成功入职率、新员工试用期流失率（9月底）	10%		
	招聘需求与计划完善	制订招聘需求表，明确招聘需求，保证与部门负责人有效沟通，7月底招到技术开发工程师5名、客服文员3名	35%		
	提升招聘效率、企业曝光率	与用人部门及时沟通，及时更新招聘信息，保证招聘网排名（2个招聘网、园区宣传栏广告）	10%		
		保证面试出席率100%	25%		
	招聘实施	统筹和推进招聘活动，7月投入某网站招聘推广广告，9月开展一次校园招聘	20%		
培训组织与实施	培训需求分析，确认差距	进行一次培训需求调研（7月底）	10%		
		根据每位员工的技能、工作性质制定系统的培训计划（8月底）	20%		
	培训实施	全体员工常规培训（必修）：7月每周六，组织积分管理推行的专项培训	20%		
		全体员工常规培训（必修）：8月底前开展两次产品知识、公司运作发展方面的培训	20%		
		岗位专业培训：按员工岗位分类，制定个性化培训方案，提高员工专业素质，从而提高员工执行力（7—9月每月一次，不同岗位的定制版培训）	20%		
	开展培训效果及考核结果	9月底前建立培训资料档案（含培训计划次数、培训课件、签到表、培训满意度反馈表、培训成果考核表）	10%		

2. 销售部

（1）销售部小丽的季度目标管理见表5-2。

表5-2 销售部小丽的季度目标管理

关键指标	目标	关键结果	权重	积分	
				过程得分	结果得分
销售额	达到销售目标114万元	7月销售额达到34万元	30%		
		8月销售额达到40万元	35%		
		9月销售额达到40万元	35%		
销售意向	新增销售意向60个	每月需拜访新客户不少于30个	30%		
		每月潜在客户数量不少于20个	50%		
		每天至少发布1条有关公司产品的朋友圈	20%		
代理商开发	广东代理商渠道建立	7月进行评估，找到3家潜在合作伙伴	20%		
		8月重点跟进代理商，沟通2家代理商	30%		
		9月初步确定代理商	50%		
回款	回款率达100%	每月回款率达100%	100%		

（2）销售部小黄的季度目标管理见表5-3。

表5-3 销售部小黄的季度目标管理

关键指标	目标	关键结果	权重	积分	
				过程得分	结果得分
销售额	达成销售目标160万元	7月销售额达成50万元	30%		
		8月销售额达成55万元	35%		
		9月销售额达成55万元	35%		

（续表）

关键指标	目标	关键结果	权重	积分	
				过程得分	结果得分
销售意向	新增销售意向60个	每月需拜访新客户不少于30个	30%		
		每月潜在客户数量不少于20个	50%		
		每天至少发布1条有关公司产品的朋友圈	20%		
售后回访	售后回访	每月至少回访200个老客户	50%		
		每月至少有5个转介绍客户成交	50%		

（3）销售部推广专员阿萍的季度目标管理见表5-4。

表5-4　销售部推广专员阿萍的季度目标管理

关键指标	目标	关键结果	权重	积分	
				过程得分	结果得分
关键词优化	关键词在百度排名前三页	关注后台搜索情况，调整匹配度，更新创意，做知识问答	40%		
		9月底关键词排名进入前三页，降低竞价成本	40%		
	网站搜索编辑数量达标	每天完成3个网站搜索编辑	20%		
网站维护	数量、阅读量	1个网站发布2～3条案例（新闻或原创），每周1次	30%		
		7月底完成网站图片处理20张	20%		
		8月发布文章，其中阅读量达1万人次的至少占70%	50%		
转化率	询盘客户42个	询盘客户42个	25%		
	降低竞价成本	降低竞价成本10%	25%		
	销售额	推广成交销售额10万元	50%		

3. 客服部

客服部小张的季度目标管理见表5-5。

表5-5 客服部小张的季度目标管理

关键指标	目标	关键结果	权重	积分	
				过程得分	结果得分
回复客户及时性	解决、处理客户当天咨询的问题	客服QQ在30分钟内回复	70%		
	远程指导操作，提升客户对产品的熟悉程度	8月完成指导2个客户操作产品后台	30%		
跟单	检查产品，跟进生产部门进度，与客户沟通	提出有效建议（每月3条）	10%		
	跟进3张订单情况	7月20日交付A类产品给A公司	30%		
		8月25日交付B类产品给B公司	30%		
		9月25日交付C类产品给C公司	30%		
老客户回访	通过电话回访老客户，跟进情况录入CRM系统	每月达到100个	50%		
	客户转介绍	每月至少1个	50%		
客户满意度	月内收回20张客户满意度调查表	提升服务质量	100%		

4. 产品研发部

（1）产品研发部软件开发工程师小陈的季度目标管理见表5-6。

表5-6　产品研发部软件开发工程师小陈的季度目标管理

关键指标	目标	关键结果	权重	积分	
				过程得分	结果得分
ERP系统维护	制定系统维护、功能优化计划	分析系统现有功能问题，收集用户体验问题（7月中旬）	20%		
		制定系统优化计划方案（7月底前）			
	现有功能优化	8月中旬完成第一阶段的优化功能的需求	50%		
		9月中旬完成第二阶段的优化功能的需求			
	现有漏洞修改，提高用户体验度	漏洞修改每月完成率达100%	30%		
ERP系统新功能开发	程序开发满足目前公司需求及用户体验	9月底完成第三方系统的功能对接	90%		
	团队贡献度	参与会议，每天汇报工作，反馈问题	10%		

（2）产品研发部小张的季度目标管理见表5-7。

表5-7　产品研发部小张的季度目标管理

关键指标	目标	关键结果	权重	积分	
				过程得分	结果得分
产品开发	制定研发计划，制定方案、图纸、技术文件、说明书（2个项目）	7—9月完成2个项目	45%		
		通过评审或审核	50%		
	研发过程中提出具有建设性的改善建议或意见	提出建设性建议	5%		

（续表）

关键指标	目标	关键结果	权重	积分	
				过程得分	结果得分
团队建立	打造强大、专业的研发小组	组建5人的研发小组，其中2人为高级软件工程师	30%		
		完全落实积分管理，统一公司价值观，落实到工作方法，加强主观能动性（8月底）	40%		
		维持与外包公司的良好关系，严把外包质量关，加强公司之间的互信和友谊（9月底）	30%		
专利编写	一年内完成两个专利申请	完成两个专利方案编写（9月底）	50%		
		专利申请通过（12月底）	50%		

5．采购部

采购部小李的季度目标管理见表5-8。

表5-8　采购部小李的季度目标管理

关键指标	目标	关键结果	权重	积分	
				过程得分	结果得分
产品采购	客户下单产品准确性达100%，保证及时发货	每天客户在16：30前下单，产品必须当天发货	60%		
		客户在16：30后下单，产品在第二天12：00前发货（非标签类）			
	研发产品配件采购100%质量保证	每月10日前购进×类产品所需配件	40%		

（续表）

关键指标	目标	关键结果	权重	积分	
				过程得分	结果得分
仓库管理	收货、发货保证数量、规格一致	每天检验货物情况，记录反馈，提交报表	15%		
	配料、产品入库	每周及时将物料供给生产部门，产品准确性和及时性达100%	70%		
	盘点：保证每月库存数据的准确性	每月底前盘点所有产品（规格、数量）	15%		
		每月1号提交盘点报表			
供应商	寻找优质供应商	多渠道寻找供应商，维护现有供应商关系	30%		
		每月至少找3家优质供应商	70%		

6. 财务部

财务部小刘的季度目标管理见表5-9。

表5-9 财务部小刘的季度目标管理

关键指标	目标	关键结果	权重	积分	
				过程得分	结果得分
财务制度	公司内部财务制度合理化	建立和规范完善的财务制度，通过审核并正式落实（8月底）	50%		
		根据领导要求编制和执行预算（7月底）	20%		
		合理分配公司收入，及时完成报税（7月底）	30%		
付款	付款及时、准确	拿到付款申请单请部门主管签字确认无误，核对金额正确	40%		
		报销款按时付款	40%		
		日记账的每笔录入系统	20%		

（续表）

关键指标	目标	关键结果	权重	积分	
				过程得分	结果得分
高新技术企业申报	项目申报	制定高新技术企业项目方案（7月底）	30%		
		软件产品申报（8月底）	30%		
		高新技术企业申报（9月底）	40%		
数据支持	提供有效的数据支持	财务历史数据整理（7月底）	50%		
		财务费用预计（7月底）	30%		
		资产负债情况（8月底）	20%		

二、生产制造业公司案例

生产制造积分管理实施手册的积分产生于员工的能力、行为、工作结果，即系统上的B分。B分为精神分，强调对员工的精神激励。B分终身有效，累计至一定标准后，可享受各种不同形式的福利待遇。

（一）B分管理操作方式及说明

（1）B分主要用来间接奖励员工的劳动付出，引导公司的企业文化建设，不与员工工资挂钩。B分的考核标准主要有态度分（服务、专业、品德）、规章制度分（考勤、日常行为表现）、工作目标与职责分（工作量、业绩）。

（2）员工的综合表现，全部用B分来检验，B分越多，说明员工表现越好，对公司的贡献越大。

（3）公司每天、每月要对员工的B分进行汇总排位，排位分为当年排位与累计排位。累计排位是指员工自进入公司以来所累计B分的排位，当年排位是指员工从当年1月1日开始的每月累计B分的排位。

（4）累计排位主要反映自公司成立以来，员工对公司贡献的大小。一般来说，工龄越长，分数越高；贡献越大，分数越高。

（5）当年积分排位主要反映年内员工对公司的贡献大小，分数越高，年内贡献越大。该指标主要是考虑到新进入公司工作的员工，公司希望他们和老员工一样，有饱满的工作热情，通过自己的努力赢得同样的奖励机会。

（6）员工的B分奖励方式分为三种类型：固定式奖分方式、任务分配式奖分方式、临时性奖分方式。

固定式奖分方式是指公司指定专人按照常规给员工制定固定奖分标准，监督检查事件并把数据录入积分系统，形成职务分、出勤分、态度考核分、工作职责分等。该类奖分由专人考核，并分阶段在会议上公布，累计分阶段汇总后可兑换奖励。

任务分配式奖分方式是指公司在分配特殊任务时（一般是指难度较大的任务），明确责、权、利的一种奖分方式。对于公司所分配的任务，员工只要按时、保质、保量完成，就可得到相应的B分奖励，由管理层在系统中通过分配任务、完成审核任务后计入积分。

临时性奖分方式是指员工完成非常规、突发性、个性化的单体事件所给予的奖分，此类任务须依靠员工的主动性来完成。对此类事件奖分，目的是鼓励员工多为公司着想，多做好事。这在加强企业文化建设方面起着巨大的作用，同时又是员工增加B分的一个重要途径，只要员工表现优秀，就有可能得到额外的B分奖励。每个员工都有同等的机会选择增加B分的方式，员工也可通过系统申请B分，由上级审核通过后计入积分。

（二）积分奖扣规定

1. 公共部分奖扣分规定

（1）考勤奖扣分。

公司对员工上班时间进行严格管理（系统可以对考勤进行奖扣分）：

上班1天（按时出勤），每天加20分；

当天第一次打卡，加5分；

当天第二次打卡，加3分；

当天第三次打卡，加2分；

每月全勤，加200分；

请假1天，扣100分；

请假1小时，扣10分；

加班1小时，加5分。

（2）推荐人才奖扣分。

为公司推荐1个普通员工，每人加500分；

为公司推荐1个技术人才或管理人才，每人加1000分。

（3）成本控制奖扣分。

为公司每节约100元成本，加100分；

浪费公司成本，比如下班后忘记关电源，每次扣10分。

（4）创新建议奖扣分。

流程创新：提出改善制度流程建议，每个加20～1000分（由老板打分）；

管理创新：提出建议或发现公司问题并被采纳，每个加20～1000分（由老板打分）；

业务创新：业务渠道开发，每个加20～1000分（由老板打分）。

（5）其他奖扣分。

其他特殊情况，按实际进行奖扣分。

2. 职务分奖分规定

公司根据职务级别，每月分别给予不同职务固定分（系统自动每月加分），并根据个人每月的实际出勤天数按比例加分。职务分奖分规定如下：

组长级别，每月加30分；

副主管级别，每月加50分；

主管级别，每月加80分；

经理级别，每月加100分。

3. 各部门工作职责奖扣分规定

（1）管理人员职责奖扣分。

通用类：

完成月度总结与计划，加5分；

每天/周/月保证及时、准确提交数据，加5分；

每天主持早会，加5分；

未执行每次扣当事人30分，上一级管理者加倍扣分。

管理者权限分规定：

组长级别：权限分为20分，每次执行打分权限，不超过20分；

主管级别：权限分为30分，每次执行打分权限，不超过30分；

经理级别：权限分为50分，每次执行打分权限，不超过50分。

在标准内的积分，按标准分值奖扣。标准外的特殊情况，按管理层权限分打分。例如：组长权限分是20分，每次奖分及扣分不能超过20分。

管理者每月奖扣比例是10：1，未完成任务者按差额分值扣除管理者积分。例如：一组长当月奖出去的积分是500分，需扣分至少达50分以上，若只完成30分的扣分，那么差额20分即在组长积分账户上扣除。

（2）生产主管职责奖扣分。

每组按一定的产量，提前完成率在90%以上，每周可加500分；完成率低于85%，不加分。每周人均产量低于70%，扣500分。

月成品合格率达90%，加500分；月成品合格率达95%～99%，加800分；月成品合格率达100%，加1200分。

出现安全事故（视大小而定），每次扣500～1000分。本月无事故，加300分。

（3）生产组长职责奖扣分。

团队成员月产值完成比大于100%（每人），加200分。

当天按时完成额定任务，加20分；当天提前完成额定任务，加40分；当天推迟完成任务，扣40分。

按时出货（每批货），加200分；超时出货每次扣50分。

产品良率：返工一次，扣50分；月无返工，加500分。

出现安全事故（视大小而定），每次扣500～1000分；本月无事故，加300分。

（4）品质组长职责奖扣分。

团队成员月产值完成比大于100%（每人），加200分。

保证每一组的不良产品没有批量性地流入下一组为合格，每周加100分。

出现不良品，按百分比扣分（以500个产品为300分来计算）。

无客户严重投诉，每周加100分。

被客户投诉，每次扣50分；严重投诉，每次扣250分。

返工，每次扣500分。

（5）业务主管职责奖扣分。

当月制定团队业绩目标：

完成当月目标业绩50万元，加1000分；

业绩达到50万～80万元，加1500分；

业绩大于80万元，加2000分。

（6）生产部员工职责奖扣分。

通用类：

5S现场管理：每周综合评价为“良好”或“良好”以上，加30分；发现问题，每次扣30分。

未发生严重消防和安全事故，每周加100分；发生安全事故，每次扣200～5000分。

①维修工职责奖扣分。

负责成品或半成品的维修，当天按时完成工作，每天加30分；未能完成任务（每天），扣15分。

连续一个月每天按时完成任务并无出错，加200分。

②生产人员职责奖扣分。

周平均成品合格率标准为80%，达标加200分。

周平均成品合格率标准高于80%，每提高5%，额外加50分；合格率每降低5%，扣100分；以此类推。（结构和原材料问题可根据实际情况减免计入。）

当天按时完成额定任务，加10分；当天提前完成额定任务，加20分；当天推迟完成任务，扣20分。

③品质人员职责奖扣分。

保证每一组的不良产品没有批量性地流入下一组为合格，每周加100分。

出现不良品，按百分比扣分（以500个产品为300分来计算）。

无客户严重投诉，每周加100分。

被客户投诉，每次扣50分；严重投诉，每次扣250分。

返工，每次扣500分。

（7）工程部员工职责奖扣分。

研发一个产品，由总经理打分（500～2000分）。

工作月度无出错，加500分；出错一次，扣100分。

月成品合格率达90%，加500分；月成品合格率达95%～99%，加800分；月成品合格率标准达100%，加1200分。

（8）销售部员工职责奖扣分。

当月制定个人业绩目标：

新客户业绩金额每______万元，加500分；季度新客户业绩低于______万元，扣500分。

老客户业绩金额每______万元，加200分。

收到难收款业绩金额每______万元（按比例），加500分。

（三）积分享受待遇的相关规定

积分每月累计，并长期有效。积分可短期、长期享受公司提供的所有福利待遇。

新制定积分享受固定待遇规定如下：

积分兑现当月奖金

奖励来源：当月实际出货数量每台提0.1元作为月度奖励资金。月度开展快乐会议，现场奖励。

各部门奖金占比如表5-10所示。

表5-10 各部门奖金占比

序号	项目	奖金占比
1	公共部分	10%
2	管理层	25%
3	生产部	35%
4	品质部	15%
5	工程部	10%
6	销售部	5%

奖励方式：

（1）各项目中总金额或总积分，按积分大小分配奖金。

（2）各项目分开排名，设置奖金等级，奖励积分排名前三的人员。

积分的目的是激励员工提高工作积极性，让优秀员工不吃亏。积分与各种福利待遇挂钩，如季度奖、年终奖、旅游、工资上涨、职位晋升等。

三、美发服务行业公司案例

（一）规章制度奖扣分

1．考勤奖扣分

公司对员工上班时间进行严格管理：

每天准时上下班，加10分；

每月迟到不超过10分钟，加10分；

每月早退不超过10分钟，加10分；

每月有事外出、请假不超过60分钟，加30分；

每月无迟到、早退、请假、旷工，即视为全勤，加100分；

工作日加班，每30分钟加5分；

休假期间回公司上班，每1小时加20分。

2．公司早会考勤奖扣分

当日的工作要在早会上安排，前一天的工作检查情况要在早会上公布；

比规定的上班时间提前15分钟到公司，整理好着装，营业前开早会加20分；

早会早到前三名加2分；

无故缺勤者及未参加早会者（针对所有人），扣5分。

3. 公司培训及会议奖扣分

公司的学习与培训例会要求员工按时参加，设计师、美容师、助理、前台、管理员每月1次例会，提出建设性言论，加5分；早到的前三名加2分；无故缺勤者，未参加培训或其他会议者（针对所有人），扣20分。

4. 会议提出建设性言论奖扣分

每天早会提出建设性言论，每次加20分。

5. 礼仪形象、卫生奖扣分

上班应遵守公司制度规定，按要求严格注意个人卫生、着装站姿等，未化妆、未穿工衣、未戴工牌、给顾客洗头时未戴口罩等违反标准形象的行为，每项每次扣5分。

在工作区内抽烟、吃东西、打瞌睡、玩手机，每次扣30分；负责的区域不干净，每次扣10分。

6. 其他日常行为表现奖扣分

不服从上级工作安排，每次扣5分；

负责人叫唤3次不回应，每次扣10分；

完整完成接待服务流程练习（每月1次），加30分；

参加练习或培训，每次加5分。

7. 团队合作奖扣分

为公司推荐1个人才，被录用后工作满3个月，推荐人加500～1000分；

带领新员工（月），加100分；

创作创新（由总经理评估），每个加100～1000分；

每月员工之间相互不记名评议1次，在员工大会上进行，得到100分评分，加200分；

每月员工之间相互不记名评议1次，在员工大会上进行，得到100分以下评分，按实际得分加分。

（二）态度考核奖扣分规定

1. 服务质量奖分

获得1张“客户满意卡”（客户签名），加10分；

得到客户表扬，每次加20分。

2. 服务态度与专业奖扣分

遭到客户投诉，扣50分，第二次加倍；

返工1次，扣100分，第二次加倍。

3. 品德奖扣分

非个人原因，被客户或同事责骂而受委屈，加50分；

与同事吵架或打架、与客人吵架，扣2000分。

4. 其他（临时奖扣）

出现特殊情况，未设定积分标准时，根据当时情况制定积分；后续根据实际情况逐渐调整。

（三）职务分奖分规定

公司根据职务级别，分别每月给予不同职务固定分（系统自动每月加分），并根据个人每月的实际出勤天数按比例加分。职务分奖分规定如下：

1. 店长职务分奖分规定

店长级别，每月加100分。

2. 设计师职务分奖分规定

艺术总监，每月加90分；

创作总监，每月加80分；

首席设计师、高级设计师，每月加70分。

3. 助理职务分奖分规定

烫染师、美容师，每月加70分；

染发师，每月加60分；

洗护师，每月加50分。

4. 前台职务分奖分规定

前台，每月加80分。

（四）工作目标与营销奖扣分规定

1. 业绩达标奖

月度个人目标业绩：劳动业绩第一名，加300分；劳动业绩第二名，加200分；劳动业绩第三名，加100分。（劳动业绩部分以公司制定的当月任务为准。）

月度个人目标业绩：卡金业绩第一名，加200分；卡金业绩第二名，加100分。

月度个人目标业绩：上升10%以上，加200分。

前台月度个人目标业绩：上升5%以上，加100分。

2. 主动跟进客户奖扣分规定

设计师回访、邀约客户，并得到客户回应，加1分，6分封顶；

现场增加新客户，备注客户微信（每个），加1分，6分封顶；

发朋友圈（与工作或公司相关的信息），加3分，9分封顶；

因个人原因在工作区内不主动接单，不服务客户（每次），扣30分。

3. 员工营销奖分规定

轮大项：每项加5分。

转单：洗转剪，加10分。

转单大项：金额小于680元，加50分；金额681～1080元，加100分；金额大于1081元，加250分。

外卖：金额1～99元，加5分；金额100～300元，加15分；金额大于301元，加30分。

洗护加项转单：金额1～50元，加5分；金额51～100元，加15分；金额大于101元，加30分。

办卡：客户在付款前已确定开卡，设计师算2/3积分；付款后开卡，前台算2/3的积分。办理银卡，加20分；办理金卡，加50分；办理白金卡，加130分。

续卡：每续卡500元，加10分。

接发：每次接发，加15分。

（五）各职位工作职责奖扣分规定

1. 店长职责积分规定

（1）权限分与任务。

店长单次奖扣权限10分；每月需完成任务，最低奖分200分；未完成任务，按差额扣除店长的积分。

（2）接待工作奖扣分规定。

做好顾客管理、售后服务，解决现场问题，在帮助办卡和办项目时与客户沟通，注意仪容、仪表，保持微笑。每天负责接待工作，认真负责，加10分；未按要求执行，每次扣5分。

（3）门店事务奖扣分规定。

职责要求：

①及时告知本店员工店里的新产品和新项目，准时通知员工参与公司会议并对其进行培训，保证所有员工理解和明白会议内容。

②审阅门店财务和各种报表，及时将现金营业款打入公司指定账户。

③制订每年、每月、每日工作计划，监督、落实执行。

④检查卫生环境，及时维修、更换、添补设备，时刻保持设备正常运作。

⑤每月协助清仓盘点、统计，并协商需要引进的新项目、新产品。

⑥根据店内情况，如客流量、客单价等，按不同季节调整和安排营销活动。

每天负责处理门店事务，加10分；未按要求执行，每次扣5分。

（4）店长目标业绩奖扣分规定。

月度制定门店业绩目标（高于月平均值），达标加200分；月度制定门店业绩目标，每高于5%，额外加300分。

（5）人员管理奖扣分规定。

职责要求：

①授权、沟通、分工、协调、监控、目标设定、工作计划制订、会议组织。

②招聘、培养、晋升、调度、辞退、人际关系协调和人员的奖惩机制

执行。

③解决员工在住宿、饮食方面的问题，充分保障员工生活。

④制订每月、每日的工作计划，并量化目标；月度员工业绩目标低于80%，每个扣100分。

⑤检查员工行为，若发现员工有违反公司规章制度的行为（员工偷懒、员工擅自离岗、店内气氛不和等），负连带责任，每次扣20分。

2. 设计师职责积分规定

（1）接待工作奖扣分规定。

职责要求：

①注意仪容、仪表，保持微笑。

②介绍店内项目，跟客人确定项目价格。

③安排助理洗头跟单。

每天负责接待工作，加10分；未按要求执行，每次扣5分。

（2）技术服务奖扣分规定。

职责要求：

①剪吹造型品质。

②大项造型品质。

③把握助理的跟单品质。

④剪吹项目转介绍大项。

⑤推荐洗护、造型产品或吹发造型（按每个客户），加2分。

⑥剪发（按每个客户），加2分。

⑦增加1个指定客，加5分。

⑧每天转单少于1张，扣10分。

3. 助理、美容师职责积分规定

（1）接待工作奖扣分规定。

职责要求：

①注意仪容仪表,保持微笑。

②引客进门，找前台或设计师介绍项目，给客人倒好茶。

每天负责接待工作，加10分；未按要求执行，每次扣5分。

（2）洗头奖分规定。

职责要求：

①帮助客人存放物品、穿客袍。

②按照公司洗头流程进行洗头操作，保证手法及时长。

③为1个客人洗发，加2分；每增加1个指定客人，加5分。

（3）跟单工作奖扣分规定。

职责要求：

①准备好设计师需要的操作工具。

②完成设计师指定的工作，送客。

③负责完整跟单，工作站牌，每次加2分；未按要求完成跟单工作，每次扣5分。

（4）站牌奖分规定。

每次站牌，加2分。

（5）其他扣分规定。

①未按公司洗头流程执行，每次扣30分。

②每天转单少于1张，扣10分。

4. 前台职责积分规定

（1）接待工作奖扣分规定。

职责要求：

①注意仪容、仪表，保持微笑。

②介绍店内项目。

③安排助理洗头跟单。

④每天负责接待工作，加10分；未按要求执行，每次扣5分。

⑤每天客人进店选择剪发，88元以上，每个加1分。

⑥60～90天内来过的客人，主动约至店内消费，每个加2分。

（2）收银工作奖扣分规定。

职责要求：

①填写、检查公司流水单，提醒设计师、助理准确填写项目信息。

②每日完成现金记账，核对现金与账目是否相符。

③整理公司支出报销单，完成每日收入支出报表。

④每天负责收银工作，加5分。

（3）录单工作奖扣分规定。

职责要求：

①准确录入流水单信息、现金日记账信息、收支明细表。

②准确记录公司考勤、请假、培训、会议的出席情况。

③每天负责录单工作，加5分。

④负责文书处理及活动推广，加5分。

（4）其他扣分规定。

①每天充卡或续卡少于1张，扣10分。

②未按公司收银流程执行，每次扣20分。

③收错款或少收款，每次扣20分。

（六）积分享受待遇的相关规定

积分每月累计，并长期有效。积分可享受公司提供的所有短期或长期福利待遇。

2018年制定积分享受固定待遇规定如下：

积分可参与每日抽奖。

分团队进行排名，设计师与前台一起排名，助理及美容师一起排名。

奖励1：当天创收积分排名第一，可参与抽奖（各团队分别排名第一）。

每天统计轮大项、转单、转单大项、外卖、洗护加项转单、办卡、续卡等创收类积分项汇总的排名。

奖励2：当天态度考核积分排名第一，可参与抽奖（各团队分别排名第一）。

每天统计态度考核（包括品德、专业、服务，其中服务考核指获得客户满意卡或受到客户表扬）积分项汇总排名。

各分店奖项设定略有不同，具体见表5–11。

表5-11 各分店奖项设定

奖项	A门店	B门店
放假1天	2份	2份
100元现金/物品	5份	8份
50元现金/物品	7份	15份
30元现金/物品	12份	20份
10元现金/物品	16份	30份
早下班1小时	10份	10份
晚上班1小时	10份	10份
20积分	10份	10份

（七）可享受奖金池奖金分配

1. 奖金池来源

（1）公司年度固定给予的既定奖金部分，合计11000元。

（2）根据季度业绩目标（完成公司规定任务），超出业绩目标部分的利润即为员工多创造的价值，公司按照多创造的利润根据表5-12所列占比分配奖金，奖励全员。根据门店不同季度的不同目标业绩，创造的利润越高，分配的比例越大。

表5-12 奖金分配占比

A门店利润/（元/季）	B门店利润/（元/季）	奖金占比
10000~30000	10000~30000	6%
30001~60000	30001~60000	8%
≥600001	≥600001	10%

2. 具体奖励方式

（1）既定部分奖金全年合计11000元，每季度发2750元。

（2）季度创造的利润核算比例后的奖金分4个阶段发放，发放方式见表5-13。

表5-13 奖金发放比例及方式

奖项	奖金发放比例	奖金发放方式
季度奖	30%	每季度所得的奖金发30%
年终奖	40%	每季度所得的奖金中40%留在春节放假前发放
开工奖	20%	每季度所得的奖金剩余20%在次年开工时发放
次年年中	10%	每季度所得的奖金剩余10%在次年年中发放

3. 根据不同职位发放金额不等的奖金

不同职位，奖金占比有所不同，详见表5-14。

表5-14 不同职位奖金占比情况

A门店		B门店	
职位	奖金占比	职位	奖金占比
设计师、前台	50%	设计师	45%
助理	40%	美容师、助理	30%
后勤人员	10%	前台/店长	15%
—	—	后勤人员	10%
分配方式：按总金额或总积分，或按排名			

4．举例说明

例如某门店季度全员多出10万元的利润，根据上述奖金占比，本季度的奖金合计为10000元。

公式：100000元×10%=10000元。

季度奖金按30%发放，合计：10000元×30%+2750元（既定部分季度奖金）=5750元；不同职位奖金占比及分配金额见表5-15。

表5-15　不同职位奖金占比及分配金额

A门店			B门店		
职位	奖金占比	分配金额	职位	奖金占比	分配金额
设计师、前台	50%	2875元	设计师	45%	2587.5元
助理	40%	2300元	美容师、助理	30%	1725元
后勤人员	10%	575元	前台/店长	15%	862.5元
—			后勤人员	10%	575元

奖金10000元剩下的70%分别留在年终、次年开工时和次年年中发放，下一季度产生的利润奖励分配方式亦同。

四、金融投资业公司案例

（一）实业投资有限公司融资顾问积分规则

实业投资有限公司融资顾问的积分规则详见表5-16。

表5-16 实业投资有限公司融资顾问积分规则

考核项目	权重	积分	分类	权重	积分	具体内容		积分
业绩分	40%	800分	业绩目标	—	400分	初级融资顾问	个人月业绩目标（10000元），达标	400分
						资深融资顾问	个人月业绩目标（30000元），达标	
						储备干部	个人月业绩目标（50000元），达标	
			业绩量	—	不封顶	根据实际完成业绩量，以100：1的比例统计积分		按100:1的比例统计积分
岗位职责分	30%	600分	上门客户	50%	300分	每新增1个上门客户，加20分（登记系统）		20分
			意向客户	30%	180分	每新增1个意向客户，加2分（登记系统）		2分
			工作总结	10%	60分	日总结	每天按要求汇报工作，加1～10分，由上级评估打分	1～10分
						周总结	每周按要求提交工作报表，加1～10分，由上级评估打分	1～10分
						未执行	未按要求执行，每次扣1～10分	－（1～10）分
			学习与分享			参与	组织参与跨部门学习与分享，每次参与加1～10分（会议要有结果，否则当项无分）	1～10分
						考核	按照公司要求学习知识与技能，考核评定为优，每次加20分；评定为良，每次加10分	10～20分
							考核未通过，每次扣1～10分	－（1～10）分

（续表）

考核项目	权重	积分	分类	权重	积分	具体内容		积分
岗位职责分	30%	600分	学习与分享			分享	分享亲身经历的，有积极意义、值得团队学习的案例，每次加1～10分	1～10分
			系统	10%	60分	未执行	按要求录入客户管理系统，未及时更改上门进度、微信跟进无截图、承诺点数利息和跟进记录未以文字体现，每次扣1～10分	–（1～10）分
							每天上班开电脑，登录办公系统，未按要求准备者，每次扣1～10分	–（1～10）分
						录入信息完整	跟进记录及客户信息录入完整详细，每次加1～10分	1～10分
			职务分			资深顾问	每月固定加30分	30分
						储备主管	每月固定加50分	50分
规章制度	15%	300分	考勤	—	—	打卡	早到：8：40前打卡，加2分	2分
						全勤	部门全员到齐：每人加2分	2分
						迟到	迟到10分钟以内扣2分；迟到30分钟以内扣5分；迟到超过30分钟按旷工处理，扣50分	–（2～50）分
						请假	获批准（总监）的请假，请半天扣5分；请1天扣10分	–（5～10）分
							未按要求提交请假申请，每次扣5分	–5分
						旷工	未得到批准擅自离岗，没请假的情况下缺勤，每次扣50分	–50分
						漏打卡	忘记打卡，每次扣2分	–2分
						加班	自愿加班，每小时加5分	5分

（续表）

考核项目	权重	积分	分类	权重	积分	具体内容		积分
规章制度	15%	300分	个人形象	—	—	着装	未按要求着装、佩戴工牌等，每次扣1～10分	–（1～10）分
						素质（轻）	其他不符合个人形象素质要求的行为（如在非吸烟区吸烟、大声喧哗、行为不检等），每次扣1～10分	–（1～10）分
						素质（重）	其他不符合个人形象素质要求的行为，重者（对客户态度恶劣，辱骂、打客户等）每次扣10～500分	–（10～500）分
				—	—	奖励	表现良好，每次加1～10分	1～10分
			工作表现	—	—	激情	激情状态好，邀约状态好，管理者评估打分，每次加1～10分	1～10分
						正能量	积极传播正能量、表现优秀，受到上级点名表扬的，每次加1～10分	1～10分
						负能量	传播负能量、消极怠工、顶撞上级、不配合工作安排等，每次扣1～10分	–（1～10）分
						工作怠慢	工作期间在公司做与工作无关事宜，每次扣1～10分	–（1～10）分
						积极主动	工作积极主动，办事效率高，起到表率作用，每次加1～10分	1～10分
							带病、带伤坚持工作，坚守岗位，工作态度好，每次加1～10分	1～10分
						全员监督	员工发现奖扣分异常等问题，提出并反馈（有效的），每次加1～10分	1～10分

（续表）

考核项目	权重	积分	分类	权重	积分	具体内容		积分
规章制度	15%	300分	会议活动	—	—	主持	主动主持公司各项会议，每次加1～10分（备注：主持人针对团队情绪状态、配合度给予奖扣5分权限）	1～10分
						组织	积极组织策划、筹备、参与各项会议、活动，每次加1～10分	1～10分
						获奖	在公司组织的比赛活动中获奖，每次加1～10分	1～10分
						积极配合	积极配合、互动、发言、主动上台表演节目，每次加1～10分	1～10分
						不配合	影响会议活动进行（走动、说话、电话响等）、不配合、表现消极的行为，每次扣1～10分（由主持人或管理者评估）	–（1～10）分
			好人好事	—	—	主动协助	主动或积极协助公司处理工作职责以外的事项，每次加1～10分	1～10分
						不服从	不服从、不积极配合公司处理工作职责以外的事项，每次扣1～10分	–（1～10）分
						招聘	协助上级招聘、引进1名基层员工入职，每个加50分	50分
							协助公司招聘、引进1名管理干部入职，每个加100分	100分
			卫生	—	—	主动处理	主动处理公司卫生工作，为公司环境保持整洁做贡献，每次加1～10分	1～10分
						区域干净整洁	负责卫生区域干净整洁，每次加1～10分	1～10分
						卫生不整洁	负责卫生区域不整洁，每次扣1～10分	–（1～10）分
						物品随意摆	公共物品随意摆放，使用后未及时清理、归位，每次扣1～10分	–（1～10）分

（续表）

考核项目	权重	积分	分类	权重	积分	具体内容		积分
企业文化	15%	300分	团队	—	—	团结	主动帮助同事处理生活、工作难题，有团队精神，每次加1～100分	1～100分
			专业			专业	有专业特长并能培训团队、提升公司战斗力，帮助团队提升，每次加1～100分	1～100分
			创新			开发渠道	提供新的获客渠道、获客方法，每条加1～30分；此创新为公司带来效益额外加分，具体分值视效益的大小由管理者评估	1～30分/不限
						流程创新	提出关于业务流程方面的有效建议并被采纳，每条加1～30分；此创新为公司带来效益额外加分，具体分值视效益的大小由管理者评估	1～30分/不限
						管理创新	提出关于公司管理的有效建议并被采纳，每条加1～30分；此创新为公司带来效益额外加分，具体分值视效益的大小由管理者评估	1～30分/不限
			感恩			待定	遵循公司价值观——感恩（其他解释待定），加1～1000分	1～1000分
			诚信			待定	遵循公司价值观——诚信（其他解释待定），加1～1000分	1～1000分
			责任			老带新	师傅主动带徒弟学习知识与技能、训练徒弟成长，每月加1～100分（具体分值由管理者评估）	1～100分

（二）融资主管工作职责积分规则

融资主管工作职责积分规则详见表5-17。

表5-17 融资主管工作职责积分规则

个人月度分：3000分

<table>
<tr><th>考核项目</th><th>权重</th><th>积分</th><th>分类</th><th>权重</th><th>积分</th><th colspan="2">具体内容</th><th>积分</th></tr>
<tr><td>业绩管理</td><td>60%</td><td>1800分</td><td>业绩管理（人均积分）</td><td>—</td><td>不封顶</td><td colspan="2">团队月度总分/人数=人效分（业绩、岗位、制度均含）</td><td>1800分</td></tr>
<tr><td rowspan="10">个人职责分</td><td rowspan="10">20%</td><td rowspan="10">600分</td><td rowspan="2">部门架构（编制）</td><td rowspan="2">45%</td><td rowspan="2">270分</td><td>满编</td><td>按公司规定部门达到满编（8+1），满编每月加300分</td><td>300分</td></tr>
<tr><td>未满编</td><td>月度本部门按公司标准达到满编（8+1），每少1个扣30分</td><td>–30分</td></tr>
<tr><td rowspan="3">团队培养</td><td rowspan="3">40%</td><td rowspan="3">240分</td><td>资深融资顾问</td><td>产生资深融资顾问，每个加50分</td><td>50分</td></tr>
<tr><td>储备管理干部</td><td>产生储备管理干部，每个加100分</td><td>100分</td></tr>
<tr><td>正式团队主管</td><td>产生正式团队主管，每个加300分</td><td>300分</td></tr>
<tr><td rowspan="2">工作总结</td><td rowspan="5">15%</td><td rowspan="5">90分</td><td>周总结</td><td>每周按要求在企业微信中提交工作总结给总监，每次加1～10分</td><td>1～10分</td></tr>
<tr><td>未执行</td><td>未提交或迟交工作总结，每次扣1～10分</td><td>–（1～10）分</td></tr>
<tr><td rowspan="3">学习与分享</td><td>参与</td><td>组织参与跨部门学习与分享，每次参与加1～10分（会议要有结果，否则当项无分）</td><td>1～10分</td></tr>
<tr><td rowspan="2">考核</td><td>按照公司要求学习知识与技能，考核评定为优，每次加20分；评定为良，每次加10分</td><td>10～20分</td></tr>
<tr><td>考核未通过，每次扣1～10分</td><td>–（1～10）分</td></tr>
</table>

（续表）

<table>
<tr><th>考核项目</th><th>权重</th><th>积分</th><th>分类</th><th>权重</th><th>积分</th><th colspan="2">具体内容</th><th>积分</th></tr>
<tr><td rowspan="5">个人职责分</td><td rowspan="5">20%</td><td rowspan="5">600分</td><td>学习与分享</td><td rowspan="5"></td><td rowspan="5"></td><td>分享</td><td>分享亲身经历的有积极意义、值得团队学习的案例，每次加1～10分</td><td>1～10分</td></tr>
<tr><td rowspan="4">积分执行</td><td>主持</td><td>主持人针对团队情绪状态、配合度给予奖扣，权限5分/次；如主持人未作出奖扣，其本人每次扣10分</td><td>–10分</td></tr>
<tr><td>积分任务未达标</td><td>每月奖扣比例最低为100∶10（即最低任务要奖出去100分，需扣10分），如未完成任务，将按差额扣除主管的积分</td><td>–10分</td></tr>
<tr><td>违规</td><td>出现未完成奖扣任务，有违规（公平、公正、公开）奖扣、随意奖扣的情况，发现每次扣10～50分</td><td>–（10～50）分</td></tr>
<tr><td>及时反馈</td><td>严谨、积极执行和完成奖扣分任务并及时提出积分奖扣反馈且有效，每条加5分</td><td>5分</td></tr>
<tr><td>规章制度、企业文化</td><td>20%</td><td>600分</td><td colspan="6">规章制度、企业文化分通用，与融资顾问的部分相同</td></tr>
<tr><td colspan="2" rowspan="2">主管权限与任务</td><td>权限分</td><td>周任务分</td><td colspan="2">月奖扣任务</td><td colspan="3">备注</td></tr>
<tr><td>10分</td><td>100分</td><td colspan="2">100∶10（奖分∶扣分）</td><td colspan="3">需奖出去100分，需扣除10分；如未完成任务，将按差额扣除主管的积分</td></tr>
</table>

（三）月度积分奖项与分配

月度积分奖项与分配情况详见表5-18。

表5-18 月度积分奖项与分配情况

<table>
<tr><th>奖项</th><th>金额</th><th>来源占比</th><th>来源/备注</th></tr>
<tr><td>个人积分冠军</td><td>1888元</td><td rowspan="7">60%</td><td rowspan="7">资金池按月发放的奖金部分：
此部分奖金来自绩效、全勤、业绩（占比60%左右）
全勤奖：当月考勤分排名第一；若考勤分当月累计扣分大于等于20分时，则无资格获得
绩效奖：当月上门客户数积分排名第一；若上门客户数积分相同，则由当月总积分最高的那名员工获得</td></tr>
<tr><td>个人积分亚军</td><td>888元</td></tr>
<tr><td>个人积分季军</td><td>666元</td></tr>
<tr><td>月度主管积分冠军</td><td>1688元</td></tr>
<tr><td>全勤奖</td><td>1000元</td></tr>
<tr><td>绩效奖</td><td>1000元</td></tr>
<tr><td>抽奖或其他方式</td><td>500元</td></tr>
<tr><td rowspan="3">合计</td><td>月</td><td colspan="2">7630元</td></tr>
<tr><td>年</td><td colspan="2">91560元</td></tr>
<tr><td>总</td><td colspan="2">153600元</td></tr>
</table>

（四）年度奖项与分配或其他福利待遇

年度奖项与分配或其他福利待遇情况详见表5-19。

表5-19 年度奖项与分配或其他福利待遇情况

<table>
<tr><td rowspan="4">以下奖项来自奖金池</td><td colspan="2">1. 原个人绩效、全勤、业绩奖剩下40%（既定部分）</td><td>61440元</td></tr>
<tr><td rowspan="3">2. 公司月业绩目标达标奖</td><td>达公司月业绩目标</td><td>奖金</td></tr>
<tr><td>35万元</td><td>2000元</td></tr>
<tr><td>45万元</td><td>4000元</td></tr>
</table>

（续表）

激励方式				
奖项	已定资金占比	最低值	员工占比	兑现时间
季度奖	30%	4608元	主管占20%，员工占80%	季度
年终奖	50%	30720元		年底发50%中的30%
				次年开年时发50%中的20%
培训学习机会	20%	12288元	此部分奖项兑现按需设定	
带薪旅游机会				
兑换奖品				
抽奖机会				
其他福利奖励				

五、电商行业公司案例

（一）电子商务有限公司目标管理

电子商务有限公司目标管理详见表5-20。

表5-20 电子商务有限公司目标管理

总目标	关键数据		关键过程	关键结果	占比	衡量标准	
	重要程度	指标				具体内容	得分
10万美元	A类	产品上传	每周50条，共200条	增加10条询盘	20%	每条	2分
		关键词优化	收集关键词优化标题和图片	3条目录关键词排名进入第一页	15%	每条目录	5分
	B类	老客户	每天联系1个已成交的老客户	____美元	10%	每完成____美元	200分
		新客户	样品成单、询盘成交、意向客户转换	____美元	20%	每完成____美元	500分

（续表）

<table>
<tr><th rowspan="2">总目标</th><th colspan="2">关键数据</th><th rowspan="2">关键过程</th><th rowspan="2">关键结果</th><th rowspan="2">占比</th><th colspan="2">衡量标准</th></tr>
<tr><th>重要程度</th><th>指标</th><th>具体内容</th><th>得分</th></tr>
<tr><td rowspan="4">10万美元</td><td rowspan="2">B类</td><td>样品客户</td><td>询盘分析、及时跟进与访客营销</td><td>每周2个单/每月8个样品</td><td>12%</td><td>每个样品客户</td><td>10分</td></tr>
<tr><td>意向客户</td><td>谷歌、脸书、零售平台搜索</td><td>意向20个</td><td>8%</td><td>每个意向客户</td><td>30分</td></tr>
<tr><td rowspan="2">C类</td><td>产品营销</td><td>邮件营销、阿里旺旺营销、Skype营销</td><td>反馈客户10个</td><td>10%</td><td>每个反馈客户</td><td>5分</td></tr>
<tr><td>学习</td><td>培训与样品学习、阿里后台视频培训</td><td>了解产品；学以致用</td><td>—</td><td>每次参加学习</td><td>10分</td></tr>
<tr><td colspan="2">总结</td><td>周汇报</td><td>每周六12:00之前汇报</td><td></td><td>5%</td><td>每周</td><td>10分</td></tr>
<tr><td colspan="2">结果</td><td>业绩目标</td><td colspan="3">月度业绩目标______万美元；</td><td>每增加1万美元</td><td>200分</td></tr>
<tr><td colspan="8">执行人：______　　　　　　　　　　　监督人：______</td></tr>
</table>

（二）员工业绩目标记录

员工业绩目标记录详见表5-21。

表5-21 员工业绩目标记录

年度目标剩余：365万元

单位：万元

时间	小王	小凤	大侠	辣椒
全年（保底目标）	100	100	100	80
全年（挑战目标）	150	150	150	150
7月	11.39	1.44	2.24	5.56
8月				
9月				

（续表）

时间	小王	小凤	大侠	辣椒
10月				
11月				
12月				
差额	88.61	98.56	97.76	94.44

六、员工月度目标激励分配制度

奖金来源：公司根据每月每人300元的标准，制定月度的业绩目标，将每月超出业绩目标部分的利润的10%作为奖金分配。

奖金分配的员工占比见表5-22。

表5-22 奖金分配的员工占比

序号	类别	占比
1	学习	10%
2	团队	20%
3	个人	70%

奖金分配明细及考核标准见表5-23。

表5-23 奖金分配明细及考核标准

奖励项目	标准	要求	占比	奖励条件
个人业绩排名	业绩排名	业绩排名第一	70%	完成目标80%以上才有资格参与奖金分配
		业绩排名第二	30%	完成目标80%以上才有资格参与奖金分配
	积分排名	积分排名第一	70%	完成目标80%以上才有资格参与奖金分配
		积分排名第二	30%	完成目标80%以上才有资格参与奖金分配

奖金分配时间见表5-24。

表5-24　奖金分配时间

分配阶段	发放标准	发放时间方式	奖金比例
月度	当月满足条件者	每月第一周部门大会中（以现金形式发放）	100%
年度	积分排名	春节放假前	50%
次年	积分排名	次年上班第一天	50%
说明	如在中途离职，只可领取离职时间前的奖金中可发放的部分，后面阶段发放的奖金不能领取		

备注：

（1）学习部分奖金用来参加公司以外的学习培训或者购买书籍。

（2）团队部分奖金用于团队建设（旅游、聚餐、团队活动）。

（3）个人部分奖金按业绩当月发放。

（4）未发放的奖金作为年度奖励。

（5）次年上班第一天未出勤的员工的奖金用作团队基金。

（6）利润计算方式：部门平均利润率×超出的金额。

06

使用积分管理软件的方法

一、制定合理的积分标准

根据企业的实际情况和阶段需求来制定合理的积分规则。比如中小型企业比较注重绩效，积分规则大多考核绩效和业务能力方面。如果中小型企业的员工不能给企业创造利润，其他方面做得再好也没有用，毕竟中小型企业的储备资金有限。大型企业或者上市公司，考核的指标又不一样。

所以合理的积分标准是积分管理的重要组成部分。

二、积分管理一定要配合软件来使用

积分管理方法优势明显，唯一需要的投入就是一套好的软件。一套好的软件能够为你节省时间，提升工作效率，所以软件是执行积分管理的关键。

比如从广州出发去北京，方法有很多种，走路、开车、坐高铁、坐飞机都可以。走路会很累，还可能会中途放弃，而坐高铁或者坐飞机则既省时间又轻松。这个例子告诉我们，使用交通工具可以节省很多时间和精力，企业管理也是一样的道理，可以用Excel进行记录来量化员工工作，但比较麻烦。如果我们选择一款好的软件，可以帮助我们节省很多时间和精力。那么软件能解决企业什么问题呢？

1. 固定积分

软件按日、周、月自动加分，不需要人工操作。

2. 考勤积分

软件自动奖扣分。早上上班不迟到，软件自动加分；来得早的前三名，软件按排序额外自动加分；对于迟到的员工，软件自动扣分。这便可以省掉考勤员及人事每天打分的工作。

3. 工作总结和汇报

老板都希望员工及时汇报工作情况、工作进度，但对于老板提出的硬性要求，有些员工不愿意执行，或是对汇报工作敷衍了事。对于工作汇报、总结这些难以坚持的小事，怎么通过软件来实现呢？可以让员工在软件里面写日志，软件限定字数、时间，完成后软件自动加分。管理者当天评出优秀事件，如给写得好的或工作表现好的员工额外加分，做到管理者有权有责。

4. 信息推送

管理者给员工加分的信息可以实时推送到员工的手机上面，真正做到点对点激励。同时，其他员工也可以看到这条信息，奖励一次就激励了所有员工；扣分一次也能警示所有员工不要犯同样的错误。

5. 下达任务

管理者可以通过任务模块下达任务，员工可以在任务大厅抢任务挣分，管理者也可以点对点地将任务指派给某个人。管理者可以随时随地查看员工的工作进度和完成情况。

6. 积分排名

员工可以随时随地查看自己的积分排名情况，排名实时显示可以反复地刺激员工。管理者也可以根据员工的积分排名情况，了解员工的工作状态和工作进度。如有员工离职，可以通过积分管理软件，导出员工从入职到离职的所有积分事件，并打印出来交给员工，员工一定会感激公司，并珍藏这份资料。

7. 积分规则

把公司所有的规章制度录入系统，方便员工随时查看或使用。

8. 积分事件

员工可以随时随地查看积分事件的明细。

找一套好用的积分管理软件是非常困难的，目前市面上的积分管理软件不多，即使有，也做得不是很专业。懂软件的人不懂管理，懂管理的人又不懂软件，既懂管理又懂软件的人不多，至于同时懂管理和积分管理软件的人更是少之又少。一套好的软件的诞生，需要经过提出理念、市场调研、平面设计、UI设计、前端和后端的开发与测试以及安全设置等过程，这需要由一个团队来完成。

科技日新月异，软件也要做到同步更新，在用户购买之后定期进行更新换代。

三、积分奖扣标准的范围

奖分范围包括工作奖分（考勤奖分、会议奖分、节假日值班奖分、加班奖分等）、学习奖分、职称奖分、职务奖分、工龄奖分、技术奖分、个人特长奖分、各种证书奖分、团队考核奖分、服务奖分、员工建议奖分、卫生奖分、设备管理奖分、质量检查奖分、各类标准奖分、安全奖分、各类活动奖分、年终目标奖分等。

除与以上奖励范围相对应的项目外，凡与规章制度有关的项目，均有扣分标准。

备注：企业根据不同的状况选择性使用。

四、奖扣分标准要平衡

奖扣分标准的平衡，体现着积分管理的引导意图和价值观，意味着对员工工作活动的期望，直接影响员工的动力和评价的结果。一般来说，对于员工的日常本职工作和应知应会的事件，可以只规定扣分，不另给奖分，也就是说，用扣分来规范员工的基本行为。另外，针对公司的项目管理、各种单项事件或个性化事件，可以按照完成的期限、质量等进行一对一奖扣分。

除此之外，奖励与惩罚都要有轻重之分，特别重要的项目应重奖重罚，奖扣要相对平衡。哪些项目应该采用高分奖励，哪些项目应该轻罚，这要根据项目、部门的特点，一切从实际出发。

扣分的标准要合理，既要考虑扣分的处罚力度，又要考虑员工的承受能力。总而言之，奖扣分标准的制定要具有可操作性。

五、积分管理要分阶段进行

积分管理在起步时，不要设定太高的扣分标准，应多奖少扣；但奖扣分标准太低又难以激发员工的积极性，所以要注意把握尺度。重点强化员工对积分的关注度，通过软件消息推送，让所有人都能看到每个员工的得分情况，同时让员工养成习惯，拿起手机就看当天的得分情况：公司哪一个同事积分又超过我了，可以通过什么事情让我的积分快速上涨。

另外，线下也要经常公布员工积分情况，对于新老员工的激励也应分阶段进行。怎么分阶段呢？就是按照月度、季度、年度的积分排名来激励员工，加大积分的刺激作用。

六、各种奖扣分标准要严格执行

在推行积分管理的过程中，各种规章制度的执行都要与积分挂钩，奖扣分明确，直接在软件上或线下公布，这样可以起到激励员工的作用。

由于积分奖扣是由各个管理者或管理部门来执行的，很多人误以为会增加工作量，但实际上并非如此。如果说积分管理增加了工作量，那说明管理者不作为，因为管理者的本职工作是检查和监督，积分管理只是量化员工工作、检查工作结果而已，这又怎么会增加管理者的工作量呢？

我们在刚开始实施积分管理的时候，有些管理者有时会忘记执行。对此，我们采取的方法是，当月如果有一天没有奖扣分，直接扣管理者50分；两天没有奖扣分，扣管理者100分和50元；如果三天没有奖扣分，那么管理者就拿不到当月的奖金。此外，在当月管理层会议上对管理者奖扣分的情况进行总结，对奖扣分标准执行得好的部门进行额外奖分。

七、调整奖扣分标准要事前告知

在制定各项规章制度时，要把奖扣分标准贯穿到制度及条例中，这样员工在了解规章制度的同时也知道自己什么该做、什么不该做、该怎样做、做错了该如何处理、自己将会得到什么结果，各项标准一目了然。

在进行奖扣分标准阶段性调整之前，可在软件的消息中心或线下会议上提前告知员工。同时，还可广泛收集员工的意见和反馈，据此修改方案，让方案更加合理。

1. 调整奖扣分标准要在管理层会议上告知、通过

实行积分管理需要有一个管理团队来推进。调整奖扣分标准，也应在相关会议上告知、通过，让管理团队在行动上保持一致，统一目标及执行标准，这样在执行过程中才能减少阻力和障碍。

2. 奖扣分条例要有一定的灵活性和机动性

任何制度不可能包罗万象，也不可能绝对合理，积分管理方案也一样。因此，在不断的调整、完善过程中也要留有一定的余地，在碰到特殊事件和特殊情况时，才能做出特殊处理。特殊奖分、扣分的权力只能控制在一把手手里，领导给予重奖重罚时也必须谨慎权衡，做到公平、公正、公开，真正起到奖优惩劣的作用。

正确对待各种不同心态的员工，随时表彰和奖励关心积分、重视积分的员工。我们发现，在实施积分管理过程中，凡是优秀的员工会时刻关注自己的积分，员工对企业的贡献越大，个人的积分也越多。同时，企业对高积分员工的奖励投入也在不断加大，形成一种良性循环，这才是管理者需要的管理运行机制。

正确对待积分少、积分为负分的员工。少数员工不适应企业的管理，经常出现迟到、违规等不良现象，导致积分不断下降，这种现象也很正常。当积分下降到一定程度，甚至出现零分或负分后，针对这样的员工，企业需要对其进行培训、转岗，甚至是淘汰。

八、员工积分表彰大会

员工积分表彰大会可以在早会、周会、月度会议上进行，想尽各种办法表彰那些积分排名靠前的员工，也可以让员工抽奖。目的只有一个，激励所有员工积极挣分。

07

积分管理落地常见问题解答

1. 不同行业的积分规则怎么来制定?

不同的行业、不同的岗位，性质不同，职能不同。在制定积分规则前，先分析公司的实际情况、岗位职责、存在的问题等，找出可量化的岗位关键指标，以及能为公司创造价值的指标，制定符合企业实际情况的积分规则标准。

2. A分和B分有什么区别?

B分是积分的重点，B分不清零，每月累计。

A分是与金钱挂钩的特殊积分，A分兑钱之后转化成B分再清零，一般情况下建议少用A分。那A分到底要怎么用呢？A分是绩效分以外的特殊贡献积分，比如说有一件紧急的事情，老板安排员工去做，这项工作不在员工的工作范围之内，但是贡献值又很大，这个时候就可以采用A分。简单来说，原本对员工奖现金加积分，现在把现金改为A分。反过来，扣A分也是一样，原本员工迟到会被扣钱，但是现在转为扣A分。

又比如，原来制度规定损坏公司财产涉及赔款，这时候可以制定A分的扣分标准，以损坏金额作为赔偿，扣A分就是扣钱。在奖扣的时候要计算好成本，奖的是公司的钱，扣的是员工的钱，所以在使用A分的时候要特别注意。

3. 员工不重视积分怎么办?

员工不重视积分，主要是因为积分没有与相关的分配挂钩。大多数员工到公司来工作，就是为了利益，为了分配。几乎没有人愿意不要工资还任劳任怨地在公司里干活，即使是亲戚、朋友，可能也没有办法做到。所以，积分应该跟工资、奖金、升职、福利待遇挂钩，还可以跟股份、分红挂钩。

另外，公司中确实有一些混日子的员工，他们不在乎积分，积分很低，这部分员工实际上很难为公司创造价值，所以对积分低的员工要作转岗或淘汰处理。

4. 员工的积分是由谁来录入的?

软件提供了三种加分方式:

（1）每个岗位的工作分由部门的负责人按照制定的积分规则来录入，根据公司层级中的隶属关系，管理者对下属员工进行工作的监管、检查（积分是管理者表达意愿、实施奖惩的工具）。另外，一些考勤类的奖扣分由系统自动实现（不需要人工操作）。

（2）员工可以通过软件自行申请积分，由他们的直属上级审核打分。

（3）能力分。能力分包括员工学历、职务、职称、专长等奖分，这代表着公司对员工能力的认可，每月可固定给予加分。在系统设置好固定加分项后，由系统自动来加分（不需要人工）。

5. 录入的时候工作量是不是很大，使用积分管理会不会增加工作量?

功道云平台在不断更新换代，目前已经实现了多类自动奖扣分的功能，由软件自动奖扣如考勤分、能力分等固定积分。

管理者的工作原本就是监督和检查下属的工作情况，而积分管理本身就是在量化员工的工作行为与结果。如果说量化之后监督和检查员工的工作增加了管理者的工作量，那说明管理者在之前没有做好相关工作，没有做到尽职尽责。所以，积分管理并没有增加管理者的工作，而是督促管理者做好自己的本职工作。

相反，积分管理减轻了管理者的工作。原本员工做错了事情，管理者就要对其进行思想教育，浪费了大量的时间，而现在管理者只需要做好奖扣分工作，就可以达到提醒员工的目的。

6. 有了积分是不是还需要拿出额外的奖金作为激励?

想要马儿跑就得让马儿吃饱。如果说员工的工资很高，就把工资拆分，将一部分的工资与积分挂钩，让员工做事更积极主动。还有一个福利待遇的问题，这个福利待遇跟之前已经发放的福利待遇标准是一样的，只是现在是以积分作为参考，福利待遇和积分挂钩，积分越高，福利待遇越好。公司还可以设置成本节约奖，节约的成本可以拿出来做积分分配；公司也可以设置超额奖，超额部分的利润也可以按积分来分配。其实公司并没有额外拿出钱来奖励员工，因为这些钱是员工额外创造的价值。用任正非的话来说，钱是越分越多的。如果员工额外创造的这部分利润，老板都不愿意从中拿出一点点来分配，那么这家企业很难做大做强。

7. 积分能跟股权挂钩吗? 怎么挂钩?

积分可以跟股权挂钩，但股权需要由专业的人来操作。我本人已经研究股权十多年了，针对股权，我建议用持股平台的形式。有关持股平台的资料，可以查阅我们的网站：www.g107.com。

积分跟股权挂钩，最简单的形式就是干股，干股不需要员工出钱。比如说，今年全年积分排名前三的员工，我们可以给他们10万元的分红权，只是分红的标准不一样：第一名分得多一些，比如说分10%，那就是10000元；第二名分8%，即8000元；第三名分5%，即5000元。当然也可以设置更多，这主要是根据公司的实际情况来定。

8. 积分导入之前要准备哪些工作?

（1）确定相关的负责人。

（2）购买积分软件。

（3）制定合理的积分规则。

（4）宣导和启动积分管理。

9. 积分如何设置规则才能达到平衡?

积分设置一般分为四大类：工作分、企业文化分、能力分及其他临时分。在设置规则时，应注意积分的占比，中小型企业大多是以生存为主要目的，所以在工作上的积分占比要加重；另外，我们可以根据岗位职责设置一项固定积分（比如2000分），再把积分细化到每天、每项工作任务上面，找到每项工作的权重，就可以设置比较合理的积分。在使用时要注意，制定合理的奖扣比例，比如说管理者奖100分出去，就必须扣10分回来。

10. 部门只有一个人时，怎么排名?

（1）可以跟岗位性质、薪资结构相差不大的岗位对比排名。

（2）可以根据企业文化得分进行全员排名。

（3）本月积分与上个月积分进行对比排名，本季度积分和上个季度积分进行对比排名等。

11. 公司里有人反对这套方法怎么办?

我们服务了很多企业，没有哪一个老板会去反对这套方法。谁会反对呢?是在公司混日子的那些人，他们担心自己的工作量化之后和其他人形成了鲜明的对比，接下来的日子不好混。所以各位企业家请记住，凡是优秀的员工都不会反对这套方法。

12. 不用软件行不行?

不用软件不能做到点对点激励，且工作量大，记录麻烦，花点小钱买个软件是必须的。

13. 政府部门可以用积分管理吗?

当然可以，只是在制定积分规则的时候要选择性使用，积分与好处挂钩的方式也要调整。

14. 积分专员的工作职责是什么? 不设置积分专员可以吗?

积分专员的主要工作职责是录入积分软件、统计积分排名数据、公布月度奖扣分、组织开展员工快乐大会，以及跟进管理者对员工奖扣积分的执行情况，协助管理者奖扣积分。积分专员不需专岗专职，一般可以由公司人事、行政或者财务兼任。

15. 积分怎么激励员工才能达到最大效果?

积分可以跟工资、职位晋升、年终奖、股权、旅游等挂钩，建立合理的分配机制。管理者坚持使用积分，让员工知道积分对自己的好处，发挥激励的最大效果。

16. 积分不清零，那新来的员工是不是没有机会超越老员工?

积分可以按月度、季度、年度进行阶段性排名，也可以单独以个性化的事件进行排名等，让新来的员工也有机会排到前面。

17. 积分是不是不跟钱挂钩? 如果不跟钱挂钩，又该怎么用?

积分管理刚开始试行的时候最好不要跟工资挂钩，但要尽早跟工资挂钩。在开始使用的时候我们要适当地给一些福利待遇，目的只有一个，就是平衡积分规则。所以，福利待遇也不能给太多，等到积分规则完全确认了，就要慢慢地跟福利待遇、工资挂钩。

请各位企业家记住：如果积分不跟工资、福利待遇挂钩，员工就不重视积分。只有把员工最关心的东西与积分挂钩，员工才会更加重视积分，才会愿意去挣积分。只要员工愿意去挣积分，效果就达到了。

18. 我想先在一个部门试用，之后再推行下去可以吗?

企业管理是战略，不是战术。如今，商业环境在不断变化，从产品的竞争变为品牌的竞争，也有人说现在是模式的竞争，但我认为今天的竞争是人才的竞争。如果只想试一下这套管理模式，那我建议不要试，做任何事情，凡是只想试一下都不可能成功。积分管理也一样，老板试一下，员工也只试一下，效果就达不到。

19. 我们公司目前人数不多，适合用积分管理吗?

所有公司都适合用积分管理，哪怕公司只有三个人。人多或人少，区别在于考核的标准不一样，人少考核的点就少，虽然人少也要量化，这样才能快速地把企业做大做强。

20. 你们能上门提供服务吗? 具体的流程又是怎样?

我们公司有专业的落地团队，可以提供上门服务，具体分为4个步骤:

第一步（调研）：分析贵公司现有的企业管理制度、缺陷，一对一辅导制定初步落地计划。

第二步（功道云软件落地）：录入公司人员信息，导入积分规则，规划软件流程。

第三步（积分管理运营）：实施阶段，在积分管理导入过程中分析问题，解决问题。

第四步（优化提升、跟踪服务）：针对积分管理落地、功道云软件使用情况进行数据分析，形成企业管理报表。优化提升方案，让积分管理真正落地。

21. 我想深入学习，请问积分管理是否有视频教程?

有，我们有线上的学习视频、音频，可以进入我们的公众号（功道云）观看，你也可以参加我们每月的线下课程……

22. 管理团队年终奖怎么发放?

管理团队的年终奖发放方案有几十种，不同的公司采用的方案也不一样，下面是我们推荐的积分管理的发放方案:

（1）奖金总数=（当年业务收入−去年的业务收入）×你愿意拿出的百分比。

（2）奖金额的分配办法。

假设今年的奖金是40万元，把40万元奖金分为4份，每份10万元，当然这个权重可以自己调，根据公司的实际情况来定，其中:

①25%与个人的当年出勤天数挂钩（出勤天数不少于252天）。

②25%与个人加班小时数挂钩。

③25%与企业文化得分或价值贡献挂钩。

④25%与个人当年的积分排名挂钩。

23. 如何设置个性化设置积分管理福利待遇?

可参考以下例子：

（1）公司年底公布福利内容：积分达到20万分的员工，可以享受购车补贴。员工购买10万元以内的车补贴1万元，购买10万元以上的车每增加1万元补贴1000元，最高补贴2万元。

（2）公司年底公布福利内容：积分达到100万分的员工，可以享受现金1万元奖励。公司之前没有这个规定，这是给员工的临时惊喜奖励，积分随时随地给优秀的员工带来惊喜。

（3）按照年度积分排名，公布出国旅游名单：高级管理者（1名）、中级管理者（1名）、普通员工（2名）。名单人数可根据公司的实际情况，灵活变动。

（4）公司年底公布因积分可以享受干股分红政策资格人员名单，如5万元干股分红3000元、10万元干股分红6000元、15万元干股分红9000元、20万元干股分红1.2万元。

24. 如何设置员工的干股配发方案?

干股配发的目的和宗旨是为公司留住不可替代的管理人才和技术人才，解决优秀人才的待遇问题。干股不是人人享有，配发的依据是个人的累计积分、管理团队的评分结果、员工的个人业绩、企业文化得分、管理者的不记名投票结果、总经理的个人意见等。

干股每年年度分红一次，分红的比例基础根据企业的实际情况来制定。特殊的部门可将分红比例与部门的目标和个人的目标任务挂钩，亦可实行阶梯性分红，并要求在年初目标管理中说明。

干股持有人在职期间，每年可享有分红的权益。若持股人工作积极，且工作时间满一定年限，年龄在60岁以上，离职后未到其他单位工作，仍可按当时、当地的银行活期利息比例享受干股分红。

（1）如果持股人出现下列情况，可增加干股配额，干股配额一般以5万元为单位，需要满足增加配额条件：

①个人累计的积分不断上升，评分保持在80分以上；

②工作一贯积极主动，一直在不可替代的人才行列中；

③无重大的违规、违章行为。

持股人当年因为病假、事假、产假等，工作时间少于252天的，不再享受当年的干股分红，次年恢复上班以后可继续享受。

（2）如果持股人出现下列情况，持股数额和分红比例可以下浮：

①持股人因工作能力和技术突出，公司提前配发干股，但其积分总数低于干股数额，年终的分红比例下调1%；

②持股人因积分减少出现积分总额低于干股数额的情况，其干股数额以万为单位取整数等比例下调。

（3）如果持股人出现下列情况，持股人的股份自动取消或失效：

①持股人出现私自接单、贪污等对公司不忠诚的行为导致积分清零；

②持股人因任何原因离职或离世；

③公司倒闭。

注意：取消持股人的干股，要经核心管理人员讨论通过；干股进入员工的积分管理软件进行管理，配股人员享有知情权，可随时查询；干股不能转让，不能买卖，不能赠送，不能继承。以上条例最终解释权归公司所有。

25. 管理者会不会存在乱打分的行为？积分管理如何避免出现这种情况？

（1）实际上这种担心是多余的，管理者想要达成自己部门的目标，就必须公正公平地打分，激励团队成员。如果管理者随意打分，当部门目标无法完成时，管理者自己要承担相应的责任。

（2）管理者的权限分有限，根据岗位的不同，分值是不一样的，就算管理者乱打分，所影响的分值也不会很高，所以一般来说，管理者是不会乱打分的。

（3）积分是公开透明的，每一个人都可以看到。如果管理者随意打分，必定会引起团队的不满，所以管理者在打分的时候，一定会按照标准去执行。

（4）公司应该鼓励员工多挣分，拉开积分的差距。

26. 管理者的权限分给多少才合适?

正常来说，管理者需按照公司的积分标准来打分，范围以外的打分均有上限，见表7–1。

表7–1 管理者奖分和扣分的权限及任务

级别	单次奖扣权限	月度奖分任务	月度扣分任务
老板	不限分值	不限	不限
经理	30分	1000分	100分
主管	20分	800分	80分
主任	10分	500分	50分
组长	5分	200分	20分

凡有奖扣权限的管理人员，每天必须要完成3人次的奖分、扣分，未完成的奖扣任务的差额，从管理人员的积分账户中扣除。

27. 如果管理者在执行过程中监督和检查不到位，应该如何奖惩?

管理人员每周、每月将个人扣分分别汇总排名，并在管理层周会上公布。扣分最多者，主管人员每人奖积分10分，经理每人奖积分20分；扣分最少者，主管人员每人扣积分10分，经理每人扣积分20分。如发现管理人员乱扣分、错扣分，除及时纠正外，每次扣经办人员积分10～50分。

28. 我是做餐饮的，请问是否有同行业的积分规则模板参照?

有，我们服务过很多不同的行业，但是每家公司都是根据实际情况制定积分规则的。

针对企业管理难的问题，如各位读者对积分管理、股权以及高管领导力的课程培训感兴趣，请直接扫描二维码了解。

如果对软件有需求，可以直接在各大手机应用市场搜索“功道云”或通过网址（www.g107.com）试用。

附录

附录一　高管股权激励方案

第一章　总则

第一条　______________公司（以下简称“公司”）依据《中华人民共和国公司法》（以下简称《公司法》）《__________公司章程》《________公司股权管理原则》制定《________公司股权激励实施细则》（以下简称《实施细则》或“本细则”）。

本细则是公司董事会及公司实施股权激励管理、检查的依据。

第二条　实施股权激励的目的

1. 提高公司经营管理水平和市场竞争力，倡导以业绩为导向的经营理念，创造激励员工实现目标的工作环境，吸引、激励和稳定公司经营管理骨干。

2. 让公司经营管理骨干转变角色，分享公司发展成果，与原始股东在公司长远利益上达成一致，有利于公司的长远持续发展及个人价值的提升。

3. 以此为契机逐步理顺公司治理结构，促进公司持续、健康发展。

第三条　管理机构及组织实施

1. 公司股东会负责重大股权事项决策；董事会负责公司股权的管理工作。

2. 职责。

2.1　股东会。股东会是公司最高权力机构，在股权方面的主要职责为：

（1）审批、决定、修改、废止董事会所提交的《公司股权激励管理原则》《实施细则》《公司股权激励方案》以及《公司净资产核算办法》等配套的制度。

（2）审批股权的授予、回购、转让方案。

（3）审批董事会提报的利润分配方案及弥补亏损方案。

2.2　董事会。董事会由股东会决议成立，是公司股权激励的管理机构（具体职责在章程中约定），在股权管理方面的主要职责为：

（1）负责制定、修订《公司股权激励管理原则》《公司净资产核算办法》《实施细则》《公司股权激励方案》并报股东会审批。

（2）审核激励对象获得创业股、虚拟股份、期股、购买实股的条件及资格，并报股东会审批。

（3）审批公司股权激励业绩目标和具体的激励比例。

（4）登记管理实股股权、虚拟股份、期权、股权分红。

（5）提出年终分红方案并提交股东会审议批准。

（6）当公司增资、减资、合并、分立、股权融资、公积金转增股本等事项发生时，确定股份调整办法，实施具体调整措施和其他有关股权激励且由董事会决定的事项。

（7）办理股权的登记、退出、回购、工商变更手续。

（8）组织股权红利计算及红利支付手续的办理。

（9）根据员工激励基金的获取及持股情况，设立并管理员工个人持股账户。

第二章　激励对象、股权取得方式及股权结构

第四条　激励对象

选择激励对象的范围限于对公司未来发展有突出贡献，或具有持续影响力的核心营销及骨干员工。在签订《公司股权激励计划协议书》后，激励对象必须履行协议约定内容。

第一期激励对象确定为：公司总经理________先生/女士。

第二期激励对象确定为：对公司战略支持价值高的核心业务骨干员工，根据本管理办法和公司岗位设置的具体情况，以及员工的岗位价值及工作业绩，公司每年度对员工进行综合评定并提名，报董事会审批。

有下列情形之一的员工，取消其激励资格：

1. 严重失职、渎职，或出现严重违反公司章程、规章制度及其他有损公司利益的行为。

2. 个人违反国家有关法律法规，被判定刑事责任的。

3. 公司有足够的证据证明激励对象在任职期间有贪污、受贿、挪用公款、盗窃、泄露公司商业秘密、严重损害公司声誉与利益等行为，给公司造成损失的。

4. 为取得公司利益，虚报业绩、做虚假会计记录的。

第五条　股权取得方式及股权结构

经公司股东会确认，对自然人股东________先生/女士及总经理________先生/女士定向增资扩股。

1. 总经理获得股权的方式。

（1）增资扩股的资金可以由总经理________先生／女士自行筹集，也可以由原始股东提供借款，双方签署借款协议，约定还款期限、利息等事项。

（2）还款期限约定为5年，每年股权分红应优先用于偿还借款，分红不足部分由个人补齐。如果当年度分红额度超过约定还款金额，超过部分可以提前归还借款，借款利息按同期银行1年定期存款利率计算。在借款还清前，股权不得转让、质押或用于担保（股东会同意的除外）。

（3）购股资金到位后，________个月内办理工商变更手续。除本细则与公司章程约定限制条款外，________先生／女士享有股东应有的一切权利与义务。

2. 其他激励对象获得股权的方式。

（1）采用期股的激励方式。

（2）激励对象个人出资，按购买股权时协议约定的价格和比例购买公司股份，购买后股份锁定期为3年。在股份的锁定期内，激励对象所获得的股份只有分红权；锁定期满且符合本细则要求的条件，并进行工商登记的，激励对象享有股东应享有的一切权益；锁定期满后激励对象可以委托其他股东，协议代持股份。

未来如有第三方资本介入，股权结构及持股比例按照股东会决议执行。

第三章　股份的价格及授予时间

第六条　用于公司激励的股份价格由董事会制定方案，报股东会审议批准后执行。第一期对总经理__________先生／女士的股权激励按________元每股的价格购买；第二期激励对象购买公司期股的数量、价格由公司提交申请，董事会批准。

第七条　在公司年度经营结束后，董事会组织内部或外聘第三方审计机构对公司进行年度决算审计，并计算每股净资产的账面价值，审计结果报股东会确认。

第八条　股份计算的基础价格：以第一次增资扩股后的注册资本为依据，公司股份共划分为________万股，价格以每股净资产为基础上下浮动，具体价格根据股东会决议确定。

第九条　授予时间

第一期：进入股权激励计划的公司总经理________先生/女士自______年______月开始进行激励。

第二期：进入股权激励计划的公司员工的激励时间根据公司整体股权激励进度确定。

第十条　董事会负责办理股权相关手续，包括组织签订《公司股权激励计划协议书》、发放由董事长签名的________公司股份持有卡；对实股股权按本细则规定办理工商登记手续。

第十一条　公司股份持有卡一式______份，分别由董事会、财务部门和持股人保存。如有损坏或丢失，经董事会核实后可补发新卡，同时股份持有人需手书原持有卡作废的声明两份并签字。该声明分别在财务部门和董事会长期备档。

第四章　股权的分红与转让

第十二条　股权分红

按照《公司法》与公司章程的规定与程序实施。根据《公司法》规定，公司当年实现的利润总额，应按照国家有关规定作相应调整后，依法交纳所得税，然后按下列顺序分配：

1. 弥补以前年度亏损（超过________年补亏期）。

2. 提取法定公积金（按________%提取；达到注册资本的________%时，可不再提取）。

3. 按照公司章程或者股东会决议提取任意盈余公积金。

4. 根据股东会决议，按股东持股比例分配利润。

5. 公司当年无利润时，不得向股东分配股利；公司持有的本公司股份（例如本公司收回的代持股份），不得向股东分配利润。

在获授的股权当年年末决算审计后，如有可分配利润，激励对象即可享受股东按规定分派的红利。每一会计年度的分红方案由董事会提出分配预案，报股东会批准后实施。如公司出现亏损、停业或者破产清算等情况，持股员工按持股比例承担经营风险。激励对象每年获得的投资收益要依法交纳个人所得税，并由公司在进行收益分配时一次性代为征收。

第十三条　股权变更

（一）公司发生控制权变更、合并、分立

若任何原因导致公司发生控制权变更、合并、分立等情况，所有已按规定获取的股权及持股比例按股东会决议方案执行，具体调整办法在假设事项发生前另行制定。

（二）激励对象发生职务变更、离职、死亡等事项

1. 若激励对象职务发生变更，但仍担任股权激励范围内的岗位，其已获授的股权和期股不做变更。但是激励对象因不能胜任工作岗位、考核不合格、触犯法律、违反职业道德、泄露公司机密、失职或渎职等行为严重损害公司利益或声誉而导致职务变更，经公司提名并报董事会批准备案，公司有权按原价格收回期股。但是根据审计部门的审计报告，如果公司当期实际每股净资产的价格低于购股时每股净资产的价格，则公司按实际每股净资产的价格收回期股。

2. 若激励对象成为独立董事或其他不能持有公司股权的人员，已获取的实股或期股则按股东会决议价格转让。

3. 若激励对象因触犯法律、违反职业道德、泄露公司机密、失职或渎职等行为严重损害公司利益或声誉而被公司解聘，自离职之日起，公司有权按当期实际每股净资产与购股时每股净资产孰低的价格收回期股，已获取的实股依据公司章程由股东会决议转让。

4. 若激励对象因执行职务负伤而丧失劳动能力、因公务无法正常履职、达到国家和公司规定的退休年龄而离职，其所获授的股权及期股可以不做变更，也可以由当事人提出转让。

5. 若激励对象因主动辞职而离职，自离职之日起公司有权按当期实际每股净资产与购股时每股净资产孰低的价格收回期股。

6. 若激励对象因执行职务死亡，公司有权视情况根据激励对象所持的

期股价值进行合理补偿，实股可由其继承人继承，也可以按股东会决议依法转让。

7. 对于已获授和解除转让限制，并在工商登记的股权，激励对象可以按照法律规定进行转让、出售、继承等操作。

8. 当持股（包括期股）员工发生本细则所描述的向公司转让股份的情况时，公司应在完成回购之日起的一年后，开始向员工支付回购款项，分两年等额兑现，即每年兑现二分之一。

（三）股权转让

1. 持股员工在股权锁定期内只享有分红权，不享有转让权、表决权、继承权等其他权利。

2. 持股员工解除转让后的股份必须经股东会________分之________以上的表决权通过才可进行转让操作（包括受让对象、转让数量和转让价格的确定）。在同等条件下原股东拥有优先购买权。

3. 当出现敌意转让或收购的情况，公司原股东有权阻止该股权转让。

4. 股权转让与受让双方必须到董事会进行登记备案，否则转让无效。持股员工依法转让其出资后，由董事会将受让人的姓名、住所及受让的出资额等信息登记于股东名册。

第五章　股权授予、解锁及变更实施程序

第十四条　股权授予程序

股权激励方案由股东会审批后执行。

激励对象直接出资购买公司增资扩股，需在双方签署《公司股权激励计划协议书》后的3个工作日内，缴纳其个人自筹资金至公司股权激励专用资金账户。如激励对象无法按时缴纳个人自筹资金，则视为该激励对象主动放弃激励。

经营年度初，由董事会组织对公司上一年经营进行年度决算审计，并且审批通过决算报告后，公司根据激励对象个人及公司业绩达标情况，结合公司股权激励方案，确定符合股权激励业绩条件的人员名单，并组织计算股权激励。

资金的额度及可获取股权的额度，由财务部门对相关数据进行审核确认。公司将激励名单报董事会审批后，公告激励对象名单、激励数量、激励价格。

董事会及相关部门在年度决算报告审议通过后的60日内，完成当年度的全部购股、授予、登记、公告等工作及相关程序。

董事会将设置“股东、期股名册登记表”，登记表主要载明：姓名、身份证号、住所、股权及期股证书号、授予股权及期股的数量、授予时间、调整情况记录、权益享有情况记录、各种签章等。

第十五条　解锁流程

1. 激励对象向董事会提交解锁申请书，提出解锁申请。

2. 董事会对申请人的解锁资格与解锁条件进行审查确认。

3. 激励对象的解锁申请经董事会确认后，由公司统一办理满足解锁条件的股权解锁事宜。

第六章　公司、激励对象的权利和义务

第十六条　公司的权利和义务

1. 公司有权要求激励对象按其所聘岗位的要求为公司工作。若激励对象不能胜任所聘岗位工作或者考核不合格，经提请并报董事会审批备案后，公司有权按原价格收回期股。

2. 若激励对象因触犯法律、违反职业道德、泄露公司机密、失职或渎职等行为严重损害公司利益或声誉，经董事会审批备案，公司有权按原价格收回期股。

3. 公司根据国家税收法规的规定，代扣、代缴激励对象应缴纳的个人所得税及其他税费。

4. 激励对象应根据股权激励计划及方案的相关规定，积极配合并按流程办理相关手续。若因激励对象自身不配合造成损失的，公司不承担责任。

5. 激励对象享有和履行法律法规规定的其他相关权利和义务。

第十七条　激励对象的权利和义务

1. 激励对象应当按公司所聘岗位的要求，勤勉尽责，恪守职业道德，遵守公司章程及本管理办法的相关规定，为公司的发展作出贡献。

2. 激励对象不得将本公司的商业秘密以有偿或无偿形式转告他人，不得在其他同类机构中兼任职务，保护公司的商业秘密。

3. 激励对象应按规定按时、足额缴纳购股资金。

4. 激励对象有权按照本计划的规定行使权利，并遵守锁定期的相关规定。

5. 激励对象获授的期股在锁定期内不得用于担保、质押或偿还债务。

6. 激励对象因本计划获得的收益应按国家的税收法规缴纳个人所得税及其他税费。

7. 激励对象在其获授的期股解锁登记前不享有转让权、继承权、表决权，锁定期满解锁后，享有股东应享有的一切权利。

8. 激励对象享受和履行法律法规、公司章程规定的股东的其他相关权利和义务。

第十八条　股东的权利和义务

股东的权利包括：

1. 参与制定和修改公司章程。

2. 参加股东会议并按照出资比例行使表决权。

3. 选举董事、监事；被选举为董事、监事。

4. 按规定查阅股东会议记录和公司财务会计报告。

5. 依照《公司法》及公司章程的规定转让出资。

6. 优先购买其他股东转让的出资。

7. 优先认购公司的新增资本。

8. 监督公司的经营管理活动。

9. 按照出资比例分配红利。

10. 依法分配公司破产、解散和清算后的剩余资产。

11. 公司章程规定的其他权利。

股东的义务包括：

1. 遵守公司章程。

2. 按期缴纳所认缴的出资。

3. 以出资额为限对公司债务承担责任。

4. 在公司核准登记后，不得擅自抽回出资。

5. 对公司及其他股东诚实守信。

6. 其他依法应当履行的义务。

第十九条　其他说明

《实施细则》及《公司股权激励方案》不构成公司对员工聘用期限的承诺，公司对员工的聘用关系仍按公司与激励对象签订的劳动合同执行。

第七章　附则

第二十条　试行、修订及解释

若实施股权激励方案时，公司的经营环境及外部条件发生重大变化，可由公司提议变更激励约束条件甚至终止该方案，并报董事会审核、股东会批准。可能出现的情况变化包括：

1. 市场环境发生不可预测的重大变化，严重影响公司的持续经营。

2. 不可抗力的因素对公司经营活动产生重大影响。

3. 国家政策的重大变化影响股权激励方案实施的基础。

4. 其他董事会认定的重大变化。

本细则是公司实施股权激励方案以及股权激励操作与管理的基本依据，一经股东会批准，股东会、董事会均按此办法理解、解释、执行相关事项。

附录二　干股激励方案

为了体现“________________________”的公司理念，建立科学的企业管理机制，有效激发员工的创业热情，不断提升企业在市场中的竞争力，经公司股东会研究决定，现对公司创业伙伴________________进行干股激励、实行期权计划，并以此作为今后行权的合法书面依据。

一、干股的激励标准与期权的授权计划

1. 公司赠送________万元分红股权作为激励标准，以此获得每年公司年税后利润（不含政府补贴和关联公司转移利润）的分红收益，自______年______月______日起至公司股份制改造完成日为截止日。原则上干股激励的部分收益累计后可作为今后个人入股资金，暂时不进行现金分配，在期权行权时以税后现金分红形式一次性购买股份，多退少补。

2. 公司授予个人干股，在行权前股权仍属原股东所有，授予对象只享有干股分红的收益权。本次确定期权计划的期权数量为________万股，每股为人民币________元整。

二、干股的激励核算办法与期权的行权方式

1. 干股分红按照公司的实际税后利润进行计算，公司财务必须严格遵循财务制度，做到透明、公开，并指定主要管理人员参与监督。每年税后利润暂以年度审计报告为准，最终确认以在公司股份制改造时会计师事务所的最终审计报告为准。

2. 期权行权在公司改制时进行，并一次性行权。如放弃行权，公司按激励员工所持干股的累计分红，以税后的现金分红形式进行支付。

3. 行权价格按行权时公司每股净资产价格确定，出资以其所持干股累计未分配收益进行冲抵，多退少补。如干股累计分红收益不足以支付全部行权金额且本人不予补足，则视为本人自愿放弃出资不足的部分，原权益仍属于原股东。本人相关股份数量根据其实际出资情况自动调整，相关损失也由其本人承担。期权行权后，公司以增资形式将员工出资转增为公司股本。

4. 入股人必须是本人，同时必须符合公司的相关要求。

5. 期权转股手续与股票流通按照上市公司的有关规定执行。如有上市需要，在公司进行股份制改造时进行增资或引入战略投资者，在公司保证其现有期权数量的基础上，有权对公司股权进行重组，以保证公司的顺利上市。

三、授权对象及条件

1. 干股激励及期权授予对象是经管会（经营管理委员会）提名、股东会批准的核心管理人员及关键岗位的骨干员工。

2. 授权对象必须是本公司正式员工，并且必须遵守国家法律、法规与公司制度，同时愿意接受本方案有关规定。

3. 本方案只作为公司内部人员的首次激励计划。

基于干股激励与期权计划的性质，授权对象必须承诺并保证以下事项：

1. 承诺绝对不直接或间接拥有、管理、经营、控制与本公司相类似或相竞争的业务。

2. 保证对于投入公司的资产（包括技术等无形资产），不拥有任何类型或性质的抵押、质押、债务或其他形式的第三方权利。

3. 保证不存在任何未经披露与任何第三方合作的情况，也不以投资目的充当任何第三方受托人或代理人。

4. 为确保公司上市后的持续经营，本人保证在公司上市的________年内不离职，并保证在离职后________年内不从事与本人在本公司工作期间完全相同的业务经营活动。无论何时都不泄露所掌握的商业秘密。

5. 本人同意无论出于何种原因在公司上市前离职，离职前所持的干股激励收益会根据账面实际金额，按照税后现金分红形式支付给本人。本人离职后自动终止干股激励事项，期权计划同时取消。

6. 如果在公司上市后，于公司规定的服务期限内离职，本人同意以上市收益以________年平摊为原则，将所持的股权收益按照上市前双方约定的有关规定退还未服务年限的收益。

7. 在公司上市前如有违法行为被公司开除，本人承诺放弃公司给予的干股激励所产生的一切收益。

8. 在公司上市后如有违法行为被公司开除，本人同意按照上述第6条规定处理（退还未服务年限的收益）。

9. 任职期间，本人保证维护企业正当权益，如存在职务侵占、受贿、从事与本企业（包括分支机构）经营范围相同的经营活动、泄露商业秘密的行为，本人愿意支付实际损失的10倍违约金，同时愿意接受公司对于本人的开除处理。

10. 本人保证对于所持干股激励与期权不存在出售、相互或向第三方转让、对外担保、质押或设置其他第三方权利等行为，否则，本人愿意由公司无条件无偿收回干股或期权。

11. 本人保证不向第三方透露公司对本人激励的任何情况。

四、股东权益

1．期权完成行权后，按照上市公司法有关规定，股东以实际出资享受相应的表决权和收益权。其他相关权益，由公司章程具体规定。

2．公司根据其投资企业的实际盈利情况确定分红。若公司分红用于转增资本，视同其实际出资，其相关税费由股东自己承担。

3．今后如因上市股权增发需要，公司有权对股权进行整合，具体的股权整合方案届时协商确定。

五、丧失行权资格的情形

员工出现下列情形之一，即丧失股权行权资格：

1．因辞职、辞退、解雇、退休、离职等与公司解除劳动协议关系。

2．丧失劳动能力或丧失民事行为能力或死亡。

3．刑事犯罪被追究刑事责任。

4．执行职务时，出现违反《中华人民共和国公司法》或者公司章程的损害公司利益的行为。

5．执行职务时的错误行为，致使公司利益受到重大损失。

6．没有达到规定的业务指标、盈利业绩，或者经公司认定对公司亏损、经营业绩下降等情况负有直接责任。

7．不符合本方案约定的考核标准或者出现其他违反公司规章制度的重大行为。

六、其他

股权激励方案因经营环境及外部条件发生重大变化时，可由薪酬与考核委员会提议变更激励约束条件甚至终止该方案，并报________批准。

本方案由薪酬与考核委员会负责解释，自公司_________通过后从______年______月______日开始实施。

附录三　上市公司期权激励方案

特别提示

本股权激励计划依据《中华人民共和国公司法》《中华人民共和国证券法》及其他相关法律法规、规范性文件，以及______股份有限公司（以下简称“本公司”或“公司”）的公司章程制订。

本股权激励计划采取股票期权模式。股票来源为公司向激励对象定向发行新股。

本激励计划拟向激励对象授予______万份股票期权，涉及的标的股票种类为公司普通股，约占本激励计划签署时公司股本总额________万股的______%。其中首次授予______万股，占目前公司股本总额________万股的______%；预留______万股，占目前公司股本总额________万股的______%。在满足行权条件的情况下，激励对象拥有在有效期内以预先确定的行权价格购买公司股票的权利。

本计划中由董事会提出预留股票期权的授予，公司在指定网站详细、完整地公布激励份额、激励对象职务、期权行权价格等信息，并在完成其他法定程序后进行期权授予。

本激励计划所授予的股票期权的行权价格为______元。

在本激励计划公告当日至激励对象完成股票期权行权期间，若公司发生资本公积转增股本、派发股票红利、股份（票）拆细或缩股、配股、派息、向老股东定向增发新股等事宜，将对股票期权的行权价格做相应的调整。

在本激励计划公告当日至激励对象完成股票期权行权期间，若公司发生资本公积转增股本、派发股票红利、股份拆细或缩股、配股等事宜，将对股票期权的数量和所涉及的标的股票总数进行相应的调整。

本激励计划有效期为________年，即股票期权授予之日起至所有股票期权行权完毕之日止。

本激励计划的对象以自筹方式筹集行权资金，公司承诺不为激励对象通过本激励计划获取的有关股票期权提供贷款，以及其他任何形式的财务资助（包括为其贷款提供担保）。

本激励计划必须经公司董事会审议通过后方可实施。

第一章 释义

除非本文另有所指，下列词语具有的含义如附表1所示。

附表1 名词解释

名词	含义
公司、本公司、股份公司	某股份有限公司
激励计划、本计划	以公司股票为标的，对公司董事、高级管理人员及其他员工进行的长期性激励计划
股票期权、期权	公司授予激励对象在未来一定期限内以预先确定的价格和条件购买本公司一定数量股份的权利
激励对象	按照本计划规定获得股票期权的公司董事、监事、高级管理人员及其他员工
授予日	公司向激励对象授予权益的日期，授予日必须为交易日
等待期	股票期权授予日至股票期权可行权日之间的时间段
行权	激励对象根据股票期权激励计划，行使其所拥有的股票期权的权利。在本计划中行权即为激励对象按照激励计划设定的条件购买标的股票的行为
可行权日	激励对象可以行权的日期，可行权日必须是交易日
行权价格	本计划所确定的激励对象购买公司股票的价格
公司章程	某股份有限公司的公司章程
《公司法》	《中华人民共和国公司法》（2013年修订）
《证券法》	《中华人民共和国证券法》（2013年修订）
《暂行办法》	《全国中小企业股份转让系统有限责任公司管理暂行办法》

（续表）

名词	含义
《管理办法》	2013年1月1日起施行的《非上市公众公司监督管理办法》（证监会令第85号）
《业务规则》	《全国中小企业股份转让系统业务规则（试行）》（2013年2月8日实施，2013年12月30日修改）
证监会	中国证券监督管理委员会
股转公司	全国中小企业股份转让系统有限责任公司
主办券商、××证券	××证券股份有限公司
××律师	北京××律师事务所
董事会	本公司董事会
监事会	本公司监事会
元/万元	人民币元/万元

第二章　实施激励计划的目的

为了进一步建立、健全公司长效激励机制，吸引和留住优秀人才，充分调动公司中高层管理人员及主要技术（业务）人员的积极性，有效地将股东利益、公司利益和经营者个人利益结合在一起，使各方共同关注公司的长远发展，在充分保障股东利益的前提下，按照收益与贡献对等原则，根据《公司法》《证券法》等有关法律法规和规范性文件以及公司章程的规定，制订本激励计划。

第三章　本激励计划的管理机构

董事会是股权激励计划的制定与组织实施机构，依据管理办法行使下列职权：

一、负责拟订和修订股权激励计划

二、负责组织实施股权激励计划相关事宜

人力资源部门和财务部负责股权激励计划日常管理和运营工作，执行董事会授权的其他事项。

第四章　激励对象的确定依据和范围

一、激励对象的确定依据

（一）确定激励对象的法律依据

本计划激励对象根据《公司法》《证券法》等法律及其他相关法律法规、规范性文件和公司章程的相关规定，结合公司实际情况而确定。

（二）确定激励对象的职务依据

本计划激励对象为目前公司的董事、监事、高级管理人员以及公司董事会认为需要进行激励的相关员工（不包括独立董事及外部监事）。

二、激励对象的范围

本计划涉及的激励对象共计______人，包括：

（一）公司董事、高级管理人员

（二）公司中层管理人员

（三）公司主要业务（技术）人员

（四）董事会认为对公司有特殊贡献的其他人员

以上激励对象中，高级管理人员必须经公司董事会或在董事会授权范围内由董事长聘任。所有激励对象必须在本计划的有效期内与公司签署劳动合同或者劳务合同。

第五章　激励计划具体内容

一、股票期权激励计划的股票来源

股票期权激励计划的股票来源为公司向激励对象或激励对象所属的持股平台定向发行的公司股票。

二、股票期权激励计划标的股票数量

本计划拟向激励对象授予______万份股票期权，涉及的标的股票种类为公司普通股，约占本计划签署时公司股本总额________万股的______%。其中首次授予______万股，占目前公司股本总额________万股的______%；预留______万股，占目前公司股本总额________万股的______%。激励对象在满足行权条件的情况下，拥有在有效期内以行权价格购买公司股票的权利。

激励对象获授的股票期权不得转让、用于担保或偿还债务。

三、股票期权激励计划的分配

本次期权授予计划中，授予高管人员______人，合计授予______万股，占本次授予期权总数的______%；授予其他非高管人员______人，合计授予______万股，占本次授予期权总数的______%。

四、股票期权激励计划的有效期、授予日、等待期、可行权日、禁售期

1. 有效期。

股票期权激励计划的有效期为自股票期权首次授予日起______年。

2. 授予日。

授予日为本计划首次授予日及各次预留授予日经公司董事会审议批准之日。

3. 等待期。

股票期权授予后至股票期权可行权日之间的时间。本计划等待期为______个月。

4. 可行权日。

在本计划通过后，授予的股票期权自授予日起满______个月后可以开始行权。可行权日必须为交易日，但不得在下列期间内行权：

（1）公司定期报告公告日前至公告后______个交易日内，若因特殊原因推迟定期报告公告日期，自原预约公告日前________日起算；

（2）公司业绩预告、业绩快报公告前________日至公告后________个交易日内；

（3）重大交易或重大事项决定过程起始日至该事项公告后______个交易日内；

（4）其他可能影响股价的重大事件发生之日起至公告后______个交易日内。

上述“重大交易”“重大事项”及“可能影响股价的重大事件”为公司依据《业务规则》的规定应当披露的交易或其他重大事项。

激励对象必须在期权行权有效期内行权完毕。计划期权有效期结束后，已获授但尚未行权的股票期权不得行权，由公司注销。

在可行权日内，若达到本计划规定的行权条件，激励对象应在股票期权

授予日起满______个月后的未来______个月内分三期行权。

首次授予的期权行权期及各期行权时间安排见附表2。

附表2 首次授予的期权行权期及各期行权时间安排表

行权期	行权时间	可行权数量占获授期权数量比例
第一个行权期	自首次授权日起____个月后的首个交易日起至首次授权日起____个月内的最后一个交易日当日止	____%
第二个行权期	自首次授权日起____个月后的首个交易日起至首次授权日起____个月内的最后一个交易日当日止	____%
第三个行权期	自首次授权日起____个月后的首个交易日起至首次授权日起____个月内的最后一个交易日当日止	____%

预留部分的股票期权在授予后，应在相应的授权日起满______个月后，由激励对象在未来______个月内分三期行权，每期分别行权______%、______%、______%。

激励对象必须在期权行权有效期内行权完毕。若未达到行权条件，则当期股票期权不得行权；若符合行权条件，但未在上述行权期内全部行权，该部分股票期权由公司注销。

5. 禁售期。

禁售期是指对激励对象行权后所获的股票进行售出限制的时间段。本激励计划的禁售规定按照《公司法》《证券法》等相关法律法规、规范性文件和公司章程执行，具体规定如下：

（1）若激励对象为公司董事、监事和高级管理人员，其在任职期间每年转让的股份不得超过其所持有的本公司股份总数的______%；在离职后半年内，不得转让其所持有的本公司股份。

（2）在本激励计划的期权行权有效期内，如果《公司法》《证券法》

等相关法律法规、规范性文件和公司章程中，对公司董事、监事和高级管理人员转让持有股份的有关规定发生了变化，则这部分激励对象转让其所持有的公司股票应符合修改后的《公司法》《证券法》等相关法律法规、规范性文件和公司章程的规定。

五、股票期权的行权价格或行权价格的确定方法

本次授予的股票期权的行权价格为××元；预留部分的股票期权行权价格××元。

每次授予预留部分的股票期权行权前，须召开董事会会议确定行权价格，并披露授予情况的摘要。

六、激励对象获授权益、行权的条件

1. 股票期权的获授条件。

激励对象只有在同时满足下列条件时，才能获授股票期权。

（1）公司未发生以下任一情形：

①注册会计师对最近一个会计年度财务会计报告出具否定意见或者无法表示意见的审计报告；

②最近一年内因重大违法违规行为被证监会、全国中小企业股份转让系统予以行政处罚；

③证监会、全国中小企业股份转让系统认定的其他违规情形。

（2）激励对象未发生以下任一情形：

①最近三年内因重大违法违规行为被证监会、全国中小企业股份转让系统予以行政处罚；

②具有《公司法》规定的不得担任公司董事、监事及高级管理人员情形；

③公司董事会认定的其他严重违反公司有关规定的行为。

2. 股票期权的行权条件。

在行权期，激励对象行使已获授的股票期权需满足法律规定的授予和行权条件。同时，该激励对象在行权前一年度的绩效考核需达标。

七、股票期权激励计划的调整方法和程序

1. 股票期权数量的调整方法。

若在行权前公司有资本公积转增股本、派送股票红利、股票拆细、配股或缩股、分红派息等事项，应对股票期权数量进行相应的调整。调整方法如下：

（1）资本公积转增股本、派送股票红利、股票拆细。

$$Q = Q_0 \times (1 + n)$$

其中，Q_0为调整前的股票期权数量；n为每股的资本公积转增股本、派送股票红利、股票拆细的比率（每股股票经转增、送股或拆细后增加的股票数量）；Q为调整后的股票期权数量。

（2）配股。

$$Q = Q_0 \times P_1 \times (1 + n)/(P_1 + P_2 \times n)$$

其中，Q_0为调整前的股票期权数量；P_1为股权登记当日的市场公允的协议价或前一日的收盘价；P_2为配股价格；n为配股的比例（配股的股数与配股前公司总股本的比例）；Q为调整后的股票期权数量。

（3）缩股。

$$Q = Q_0 \times n$$

其中，Q_0为调整前的股票期权数量；n为缩股比例（1股公司股票缩为n股股票）；Q为调整后的股票期权数量。

2. 行权价格的调整方法。

若在行权前有资本公积转增股本、派送股票红利、股票拆细、配股或缩股、派息、增发等事项，应对行权价格进行相应的调整。调整方法如下：

（1）资本公积转增股本、派送股票红利、股票拆细。

$$P = P_0/(1 + n)$$

其中，P_0为调整前的行权价格；n为每股的资本公积转增股本、派送股票红利、股票拆细的比率；P为调整后的行权价格。

（2）配股。

$$P = P_0 \times (P_1 + P_2 \times n)/[P_1 \times (1 + n)]$$

其中，P_0为调整前的行权价格；P_1为股权登记当日的市场公允的协议价或前一日的收盘价；P_2为配股价格；n为配股的比例（配股的股数与配股前公司总股本的比例）；P为调整后的行权价格。

（3）缩股。

$$P=P_0/n$$

其中，P_0为调整前的行权价格；n为缩股比例（1股公司股票缩为n股股票）；P为调整后的行权价格。

（4）派息。

$$P=P_0-V$$

其中，P_0为调整前的行权价格；V为每股的派息额；P为调整后的行权价格。经派息调整后，P仍须大于1。

（5）增发。

公司在发生增发新股的情况下，股票期权的数量和授予价格不作调整。

3. 股票期权激励计划调整的程序。

当出现前述情况时，由公司董事会决定调整行权价格、股票期权数量。

（1）提前或加速行权。

公司董事会可根据实际需要（如转板上市等）或有关法律和规范性文件的要求，视激励对象实际工作年限以及职位等，提出加速行权方案。经董事会审议通过后，激励对象不得对该方案提出异议。

在股票期权激励计划有效期内，公司根据实际需要可加速行权。激励对象工作不满1年，可以提前对未来3个月内可行权的期权进行行权；工作满1年，可以提前对未来6个月内可行权的期权进行行权；工作满2年，可以提前对未来12个月内可行权的期权进行行权；以此类推。

（2）股权回购。

公司无义务对激励对象持有的股票进行回购。但是公司董事会根据实际需要（如转板上市等）或有关法律、规范性文件的要求，有权对激励对象已行权但未转让交易的股权，按照董事会确定的市场公平价格或估值进行回购，每股回购价格不低于期权行权价格。

第六章　公司授予权益、激励对象行权的程序

一、本计划将提交公司董事会审议

二、需符合本计划的相关规定，经公司董事会审议通过后，公司在规定时间内向激励对象授予股票期权。授予日必须为交易日，并符合相关规定

三、股票期权的授予和行权程序

1. 股票期权的授予。

公司董事会负责股票期权激励计划草案的拟定、修订、审议工作。

应主管机关要求，公司可聘请律师对本期权计划出具法律意见书。

董事会办理股票期权授予、行权等具体事宜。

2. 股票期权的行权程序。

（1）获授对象在本期权计划确定的可行权日内，向公司提出行权申请，并交付相应的购股款项。

（2）董事会对申请人的行权数额、行权资格与行权条件进行审查确认。

（3）获授对象的行权申请经董事会确认后，公司向股转系统提出行权申请，并按申请行权数量向获授对象或其持股平台定向发行股票。

（4）经全国中小企业股份转让系统确认后，由登记结算公司办理登记结算事宜。

（5）获授对象行权后，若涉及注册资本变更，需向登记机构办理公司变更登记手续。

第七章　公司和激励对象的权利与义务

一、公司的权利与义务

1. 公司具有对本计划的解释权和执行权，并按本计划规定对激励对象进行监督。若激励对象未达到本计划所确定的行权条件，公司将按本计划规定的原则注销期权。

2. 公司承诺不为激励对象依据股票期权激励计划提供贷款以及其他任何形式的财务资助，包括为其贷款提供担保。

3. 如有需要公司应及时按照有关规定履行股票期权激励计划申报、信息披露等义务。

4. 公司应当根据股票期权激励计划及证监会、全国中小企业股份转让系统、中国证券登记结算有限责任公司等的有关规定，积极配合满足行权条

件的激励对象按规定行权。但若因证监会、全国中小企业股份转让系统、中国证券登记结算有限责任公司的原因造成激励对象未能按自身意愿行权并给公司造成损失的，公司不承担责任。

二、激励对象的权利与义务

1．激励对象应当按公司所聘岗位的要求，勤勉尽责、恪守职业道德，为公司的发展作出应有贡献。

2．激励对象应当按照本计划规定锁定其获授的股票期权。

3．激励对象的资金来源为激励对象的自筹资金。

4．激励对象获授的股票期权在等待期内不得转让，或用于担保、偿还债务。

5．激励对象因激励计划获得的收益，应按国家税收法规交纳个人所得税及其他税费。

6．激励对象享有和履行法律法规规定的其他相关权利与义务。

第八章　公司激励对象发生异动的处理

一、公司发生控制权变更、合并、分立

当公司发生控制权变更、合并、分立等情形时，如公司董事会决定不再执行本股权激励计划，则适用第五章第四条中的加速行权规定，否则仍按照本计划执行。

二、公司出现下列情形之一时，本计划即行终止

（1）注册会计师对公司最近一个会计年度财务会计报告出具否定意见或者无法表示意见的审计报告；

（2）最近一年内因重大违法违规行为被证监会、全国中小企业股份转让系统予以行政处罚；

（3）证监会、全国中小企业股份转让系统认定的其他违规情形。

当公司出现终止计划的上述情形时，激励对象已获授但尚未行权的股票期权由公司注销。

三、激励对象个人情况发生变化

1．当激励对象发生以下情况时，经公司董事会批准，在情况发生之日，公司对激励对象已获准行权但尚未行使的股票期权终止行权，未获准行

权的期权作废。

（1）违反国家法律法规、公司章程或公司内部管理规章制度的规定，或发生劳动合同约定的失职、渎职行为，严重损害公司利益或声誉，给公司造成直接或间接经济损失；

（2）公司有充分证据证明该激励对象在任职期间，出现受贿、索贿、贪污、盗窃、泄露经营和技术秘密等损害公司利益、声誉的违法违纪行为，直接或间接损害公司利益；

（3）因犯罪行为被依法追究刑事责任；

（4）成为独立董事或其他不能持有公司股票或股票期权的人员；

（5）最近三年内被证券交易所公开谴责或宣布为不适当人选；

（6）最近三年内因重大违法违规行为被证监会、全国中小企业股份转让系统予以行政处罚；

（7）董事会认定的其他情况。

2. 当发生以下情况时，在情况发生之日，公司对激励对象已获准行权但尚未行使的股票期权继续保留行权权利，并在____天内完成行权（如遇不可行权日，从可行权日计算日期或________天内提交行权申请），其未获准行权的期权作废。

（1）劳动合同、劳务合同到期后，双方不再续签合同；

（2）经和公司协商一致提前解除劳动合同、劳务合同；

（3）因经营考虑，公司单方面终止或解除与激励对象订立的劳动合同、劳务合同；

（4）激励对象丧失劳动能力；

（5）激励对象死亡；

（6）其他董事会认定的情况。

3. 特殊情形处理。

（1）若激励对象因执行职务负伤而导致丧失劳动能力，经公司确认，其所获授的股票期权不作变更，仍可按照规定行权；

（2）若激励对象到法定年龄退休且退休后不继续在公司任职，经公司确认，其所获授的股票期权不作变更，仍可按照规定行权；

（3）若激励对象因执行职务死亡，经公司确认，其所获授的股票期权不作变更，仍可按照规定行权，并根据法律由其继承人继承；

（4）激励对象因调任公司下属控股子公司，其所获授的股票期权不作变更，仍可按照规定行权。

第九章　规则

一、本计划经公司董事会审议通过后生效

二、本计划由公司董事会负责解释

________年________月________日

附录四　员工入股分红方案

本公司本着开放、尊重、信任、共赢的原则，为弘扬企业精神，提高公司员工的积极性、归属感和认同感，促进企业和员工的共同发展，拟采取员工入股方式新设立一家新______________店，具体方案如下：

一、项目名称

______________店。

二、项目介绍

_______________店位于______市______区，地处“办公中心、商业中心、居住中心”的核心商圈，交通便利、客流量大。____________店始终秉持经营规范化、管理科学化、产品标准化的高标准运营理念，是______________（简单介绍）。

三、店面经营与管理

1. ____________店成立后，由集团公司统一经营与管理。店面将设店长、部门经理、部门主管职务，日常经营与管理由____________负责。

2. 店面成立后涉及的重大事项需上报集团公司批办。本方案所指的“重大事项”包括但不限于店面翻修、迁址、增加或减少资本、转让出资、重要人事任免、法律纠纷等事项。

四、入股方式

1. 符合条件的员工应以货币出资方式入股，公司暂不接受员工以实物、知识产权、技术等货币出资以外的其他方式入股。

2. ________________店设立后，将向入股人员签发出资证明。

3. 店面新增资本时，除公司另有约定外，入股人员有权优先按照出资比例认缴出资。

五、入股人员要求

1. 入股人员应在本单位工作______年以上且在公司担任主管以上（含主管）的管理层职务。

2. 入股人员能够接受__________________店的经营理念和经营方案。

3. 入股人员应具备负责、诚信、合作、进取的基本素质。

4. 入股人员应具备市场开拓能力和创新能力。

六、入股金额要求（“以上”“以下”均含本数）

1. 公司高层：集团公司领导及分店店长入股的，入股金额要求在______万元以上______万元以下。

2. 公司中层：集团公司及分店各部门经理入股的，入股金额要求在______万元以上______万元以下。

3. 公司主管：集团公司及分店部门主管入股的，入股金额要求在______万元以上______万元以下。

七、入股时间要求

1. 入股人员应在______年____月____日至______年____月____日期间填报入股意向书，并自填报入股意见书之日起______日内将入股金额交至公司财务。

2. 入股人员不得随意抽出资金，但有正当理由的除外。因正当理由须撤回股份的，应提前一个月向集团公司提出书面申请，经集团公司领导审核批准后即可办理撤股手续。

八、利润分配和亏损分担

入股人员按其出资额占__________________店出资总额的比例分享该店面共同出资的净利润，分担共同出资的亏损；入股人员各自以其出资额为限对共同投资承担相应责任。

九、入股人员的分红权

1. 分红的计算方法：当年利润的______%用于股份分红，其余______%作为集团公司发展管理资金融入公司财务。

2. 利润的计算方法：该年度财务总收入－该年度财务总成本＝该年度总利润（成本包括：佣金、税收、经营费用、固定资产折旧等其他开支）。

3. 分红金额（税前）＝（______%年度总利润/____________）×员工持股数。

4. 每年的____月____日至____月____日进行分红结算和发放，同时召开股东会议。

十、入股人员的义务

1. 入股人员应保证入股资金来源的合法性。

2. 入股人员应正面积极宣传____________________店，方式包括但不限于发布微博、微信朋友圈，直接向朋友推介。

3. 入股人员不得以不当言论或其他方式诋毁、贬低____________店。

4. 入股人员应积极协助集团公司落实各项措施。

5. 入股人员应按期足额缴纳入股金额，且店面设立后不得随意抽出资金。

6. 入股人员应按出资比例承担经营风险和经营损失。

7. 公司章程中约定的其他义务。

十一、入股程序

1. 入股人员提出入股申请，集团公司审查入股人员资格。

2. 入股人员应提供合法身份证及个人相关信息进行入股登记。

3. 入股人员向集团公司缴纳入股资金。

4. 集团公司财务向入股人员开具其入股金额的收据。

5. 店面设立后，集团公司向入股人员签发出资证明，出资证明是入股人员享受本方案规定的唯一依据。

6. 若入股人员转让所持全部或部分股份，应经半数以上的公司及其他入股人员同意，且其他入股人员享有优先购买权。

十二、退股与中途退股

1. 入股时间至少以一年为一个周期，不足一年的不能参与年底分红。

2. 因其他原因确需提前退出者，要在退出前一个月进行书面告知，一个月后公司将按购股合同退回参与者的全额股本。

3. 满一个周期（一年）后，员工可以自由决定参与下一周期（一年）或退出股金。退出者可以全额退回入股本金，并得到相应分红。

4. 每年上半年的____月____日至____月____日，下半年的____月____日至____月____日，公司可以决定下年度（或下半年度）是否继续接受员工入股或终止本业务。如终止本业务，公司将如期发放之前的分红并退回员工入股本金。

十三、解释和实施

本次活动由集团公司行政人事部、财务部享有最终解释权并负责实施。

附录五 股权转让协议1

甲乙双方根据《中华人民共和国公司法》等法律法规和________公司（以下简称“该公司”）章程的规定，经友好协商，本着平等互利、诚实信用的原则，签订本股权转让协议，以资双方共同遵守。

甲方（转让方）：____

身份证号码：____

住所：____

乙方（受让方）：____

身份证号码：____

住所：____

第一条 股权的转让

1. 甲方将其持有该公司____%的股权转让给乙方。

2. 乙方同意接受上述转让的股权。

3. 甲乙双方确定的转让价格为人民币______万元。

4. 甲方保证向乙方转让的股权不存在第三人请求权，没有设置任何质押，未涉及任何争议及诉讼。

5. 甲方向乙方转让的股权中尚未实际缴纳出资的部分，转让后，由乙方继续履行这部分股权的出资义务。

（注：若本次转让的股权系已缴纳出资的部分，则删去第5款）

6. 本次股权转让完成后，乙方即享受相应的股东权利并承担义务。甲方不再享受相应的股东权利和承担义务。

7. 甲方应对该公司及乙方办理审批、变更登记等相关法律手续提供必要的协作与配合。

第二条 转让款支付

转账方式：

（注：现金或银行汇款、支票等）

开户银行：

户名：

转账金额：

转账时间：

（注：转让款的支付时间、支付方式由转让双方自行约定并载明于此）

第三条 违约责任

本协议正式签订后，任何一方不履行或不完全履行本协议约定条款，即构成违约。违约方应当负责赔偿其违约行为给守约方造成的损失。

任何一方违约时，守约方有权要求违约方继续履行本协议。

第四条 适用法律及争议解决

1. 本协议适用中华人民共和国的法律。

2. 凡因履行本协议所发生的或与本协议有关的一切争议，双方应当通过友好协商解决；如协商不成，则通过诉讼解决。

第五条 协议的生效及其他

1. 本协议经双方签字盖章后生效。

2. 本协议生效之日即为股权转让之日，该公司据此更改股东名册、换发出资证明书，并向登记机关申请相关变更登记。

3. 本合同一式四份，甲乙双方各持一份，该公司存档一份，申请变更登记一份。

甲方（签字或盖章）：　　　　　　乙方（签字或盖章）：

签订日期：　　年　月　日　　　　签订日期：　　年　月　日

附录六　股权转让协议2

出让方（以下简称甲方）：________________________________

住址：____

法定代表人：____________________________________

受让方（以下简称乙方）：________________________________

住址：____

法定代表人：____________________________________

甲、乙双方根据有关法律法规的规定，经友好协商，就甲方将其所持公司（下称“目标公司”）______%的股权，共计______股转让给乙方之相关事宜，达成一致，特签订本合同，以使各方遵照执行。

一、股权转让标的

甲方向乙方转让的标的为：甲方合法持有目标公司______%的股权，共计______股。

二、股权转让的价款、期限及支付方式

1. 甲方占有目标公司______%的股权，共计______股，根据原《______投资协议》，甲方应投资人民币______万元。现甲方将其占目标公司______%的股权，共计______股以人民币______万元转让给乙方。

2. 乙方应于本协议生效之日起____天内按第二条第1款规定的货币和金额，以银行转账方式分次付清给甲方。

三、合同生效条件

当下述的两项条件全部成立时，本合同始能生效。

1. 本合同已由甲、乙双方正式签署。

2. 本合同已得到了各方权力机构（董事会或股东会）的授权与批准。

四、股权转让完成的条件

1. 甲、乙双方完成本合同所规定的与股权转让有关的全部手续，并将所转让的目标公司______%的股权过户至乙方名下。

2. 目标公司的股东名册、公司章程及工商管理登记档案中均已明确载明乙方持有该股权数额。

五、各方的陈述与保证

1. 甲方的陈述与保证。

（1）甲方为依法成立并合法存续的公司法人，具有独立民事行为能力。

（2）甲方为目标公司的股东，合法持有该公司______%的股权，共计______股。

（3）甲方承诺本次向乙方转让其所持有的目标公司的股权未对任何第三方设担保、质押或其他任何第三方权益，亦未受到来自司法部门的任何限制。

（4）甲方承诺其本次向乙方转让股权事宜已得到其有关决策机构的批准。

（5）甲方承诺积极协助乙方办理有关的股权转让过户手续；在有关手续办理完毕之前，甲方不得处置目标公司的任何资产，并不得以目标公司的名义为他人提供担保、抵押。

（6）甲方确认在本合同签订前，目标公司及其自身向乙方做出的有关目标公司的法人资格、合法经营及合法存续状况、资产权属及债权债务状况、税收、诉讼与仲裁情况，以及其他纠纷或可能对公司造成不利影响的事件或因素均真实、准确、完整，不存在任何的虚假、不实、隐瞒，并愿意承担目标公司及其自身披露不当所引致的任何法律责任。

2. 乙方的陈述与保证。

（1）乙方为依法成立并合法存续的公司法人，具有独立民事行为能力。

（2）乙方对本次受让甲方转让目标公司______%股权的行为已得到了有权机构的批准，并对目标公司的基本状况有所了解。

（3）乙方保证其具有支付本次股权转让价款的能力。

（4）乙方保证在其成为目标公司的股东后将进一步支持和促进该公司的发展。

六、违约责任

1. 甲、乙双方均需全面履行本合同约定的内容，任何一方不履行本合同的约定或其附属、补充条款的约定均视为该方对另一方的违约，另一方有权要求该方支付违约金并赔偿相应损失。

2. 本合同的违约金为本次股权转让总价款的______%，损失仅指一方直接的、实际的损失，不包括其他。

3. 遵守合同的一方在追究违约一方违约责任的同时，仍可要求违约一方继续履行本合同或终止合同的履行。

七、合同的变更与终止

1. 本合同双方当事人协商一致并签订书面补充协议后，方可对本合同进行变更或补充。

2. 双方同意，出现以下任何情况本合同即告终止：

（1）甲、乙双方依本合同所应履行的义务已全部履行完毕，且依本合同所享有的权利已完全实现。

（2）经甲、乙双方协商同意解除本合同。

（3）本合同所约定的股权转让事宜因其他原因未取得相关主管机关批准。

本合同因上述第（2）（3）项原因而终止时，甲方应在______日内全额返还乙方已经支付的股权转让价款。

3. 本合同的权利与义务终止后，当事人应遵循诚实、信用原则，根据交易习惯履行通知、协助、保密等义务。

八、保密

任何一方对其在本合同磋商、签订、履行过程中知悉的对方的生产经营、投资及其他任何方面的商业秘密，不得向公众或任何第三人泄露、公开或传播，也不得以自己或其他任何人的利益为目的利用此等商业秘密，除非是：

（1）法律要求。

（2）社会公众利益要求。

（3）对方事先以书面形式同意。

九、附则

1. 因履行本合同而产生的任何争议，双方应尽力通过友好协商的方式解决；如协商解决不成，任何一方可向合同签订地有管辖权的人民法院提起诉讼。

2. 本合同未尽事宜，由双方本着友好协商的原则予以解决，可另行签署补充合同，补充合同与本合同具有同等的法律效力。

3. 本合同一式____份，甲、乙双方各执____份，目标公司存档____份，其余____份报公司登记机关备案。

甲方（盖章）：______________________________

法定代表人（签字）：______________________________

乙方（盖章）：______________________________

法定代表人（签字）：______________________________

签署时间：______年______月______日

签署地点：______________________

附录七　股权激励协议（员工持股计划）

甲方：______________________________

身份证号码：______________________________

住所：______________________________

乙方：______________________________

身份证号码：______________________________

住所：______________________________

鉴于：

______有限公司（以下简称“公司”）为依据中国法律设立并有效存续的有限责任公司，注册资本______万元人民币。

______公司正准备改制，甲方为了充分调动公司管理人员的工作积极性，激励所有对公司有特别贡献的优秀员工，促进公司持续、稳步、高速发展，增强公司管理人员的归属感，现根据有关法律法规，甲方拟将其持有的公司______%的股权转让给乙方。为了保证股权转让和激励的顺利实施，保障公司、甲方和乙方的合法权益，双方根据“平等自愿、协商一致”的原则，签订本协议，明确双方的权利、义务，以共同遵守履行。

一、定义

1.“股权”是指甲方根据本协议转让给乙方的公司股权，也指公司改制为股份有限公司后，该股权所对应的公司股份。因为本次股权转让以较低的价格进行，所以本次股权转让对乙方具备一定的激励性。

2.“股权转让款”是指乙方因获得股权而需要向甲方支付的款项。

3.“股权转让完成日”是指双方共同办理股权变更登记手续完毕之日。

4.“登记机构”是指对股权登记享有管辖权或管理权的有关政府部门。

5.“法律”是指适用的法律法规、条例、地方性法规、中央和地方政府规章和规范性文件、能构成法律渊源的司法解释和判例。

二、股权数量和认购价格

1. 甲方按照乙方的职位、工作表现等，决定将甲方持有的公司______%的股权转让给乙方。

2. 根据______年______月______日公司财务账面上明确的公司净资产值（不包括公司原股东已经决议分配的公司利润）乘以本次转让的股权比例确定本次股权转让的价格。

3. 根据本协议第二款第2项确定的股权转让价格，即乙方需要支付给甲方的股权转让款为人民币______元。乙方应当在本协议签订之日起______个工作日内向甲方支付______元，其余款项乙方应当在______年______月______日之前支付。

三、甲方的权利和义务

1. 甲方保证并承诺，按照本协议的约定将股权转让给乙方，不影响乙方原先在公司享有的薪资和福利。

2. 甲方保证并承诺，将配合公司向登记机构办理关于本协议项下股权变更登记的手续。

四、乙方的权利和义务

1. 自股权转让完成之日起，乙方有权参加公司利润分配，本次股权转让完成日之前公司的未分配利润（不包括公司原股东已经决议分配的利润），由公司新老股东共享。

2. 自股权转让完成之日起，乙方成为公司正式股东，享有法律和公司章程规定的公司股东权利，包括但不限于表决权、决策权，但一定期限内乙方对所持的公司股权的处分权（包括但不限于转让、赠予等）受到本协议的限制。

五、权利的限制和相关利益安排

1. 本协议签订之日起______年内，除了本条规定的情况外，乙方不得处理本协议项下的股权（包括但不限于将本协议项下股权转让、赠予给乙方以外的第三人）。

2. 出现如下情形时，乙方有义务以本协议约定的股权转让价格（本协议第二款第3项约定的价款）将股权转让给甲方或甲方指定的第三人。

（1）本协议签订之日起______年内，乙方离开公司的（不包括本协议第五款第3项规定的各种情况）；

（2）本协议签订之日起______年内，乙方有泄露公司商业/技术秘密行为的；

（3）本协议签订之日起______年内，乙方有其他严重损害公司利益或严重违反公司制度和劳动纪律行为的。

3. 本协议签订之日起______年内，乙方因为以下情形离开公司的不视为对本协议的违反，乙方处理本协议项下股权不受本协议的限制。

（1）乙方因退休而离开公司；

（2）乙方因丧失劳动能力而离开公司；

（3）乙方因精神病丧失民事行为能力离开公司；

（4）乙方没有严重违反公司劳动纪律或严重损害公司利益行为的情况下，甲方因经营需要而主动解除劳动合同。

六、股权的回购

1. 在股权转让完成日起2年内，公司没有成功上市发行股票，在乙方要求下，甲方承诺将按照本条的规定对本协议项下的股权进行回购。

（1）甲方回购的价格为本协议第二款第3项约定的股权转让款，即______元人民币。

（2）甲方应当在乙方提出回购要求之日起______个工作日内，支付股权转让款的______%，余款应当在股权过户给甲方之日起的5个工作日内付清。

（3）如果在乙方提出回购要求时，乙方仍未按照本协议第二款第3项的约定支付完毕股权转让款，则甲方按照上款的规定，仅向乙方支付乙方已经支付的股权转让款数额。甲方可以同时要求乙方承担其未按照本协议第二款第3项的约定付款的违约责任，即要求乙方支付未按期支付部分每日万分之一的违约金。甲方可以在向乙方支付回购款项时，直接扣除该违约金。

2. 乙方在股权转让完成日起2年内所享受的股东权利（包括但不限于分红）并不因为回购而退回或补偿甲方。乙方所承担的股东义务，甲方也不给予任何形式的补偿。

七、违约责任

本协议任何一方在本协议中所作的任何陈述与保证是错误或不真实的，或该陈述与保证并未得以及时、适当地履行，则应视为该方违约。任何一方违反其在本协议项下的任何义务或责任，或者未按照本协议的条款和条件履行本协议项下的义务、责任或者承诺，均构成本协议项下之违约。任何一方违约，违约方除应履行本协议规定的其他义务外，还有义务赔偿守约方因其违约所遭受的损失、损害、费用和责任，以及承担本协议其他条款和条件约定的，或者本协议所适用法律规定的其他违约责任。

八、争议的解决

履行本协议的过程中一旦发生争议，双方应首先通过友好协商加以解决，协商不成可于原告所在地人民法院起诉。

九、保密义务

1. 甲方和乙方有义务对本协议的内容进行保密。甲方除了根据工作的需要，向公司其他股东或其他相关人员透露本协议内容外，不得向其他任何人员透露本协议内容。

2. 乙方不得将本协议的内容向任何人透露，也不得向公司其他管理人员打听其受让的股权情况。

3. 乙方如泄露本协议内容，甲方可以要求乙方按照第五款的规定将股权返还甲方或给予甲方补偿。

十、其他

1. 公司的其他所有股东保证并承诺在按照本协议向乙方转让公司股权时，相互放弃对本协议项下股权的优先受让。

2. 本协议项下股权转让和其他法律行为涉及的国家税收（包括但不限于个人所得税等），按照法律法规及其他规范性文件规定由协议双方各自承担。如果未明确规定由哪一方承担，则由甲方和乙方各承担一半。

3. 本协议为本次股权转让的最终协议，如协议双方在本次之前签订的其他协议或文件的内容与本协议不一致的，均以本协议为准。

4. 本协议____式____份，双方各执____份。

附录八　新三板股权激励方案模板

第一章　总则

第一条　股权激励目的

为提高公司的经济效益水平和市场竞争能力，吸引和稳定一支高素质的经营管理队伍，创造一个激励员工实现目标的工作环境，倡导以业绩为导向的经营理念，提高自主管理水平，鼓励经营管理者为公司长期服务，并分享公司的发展成果，依据《中华人民共和国公司法》，并参照《上市公司股权激励管理办法（试行）》以及其他有关法律、行政法规的规定，特制定本激励方案。

第二条　股权激励原则

1. 公开、公平、公正原则。

2. 激励机制与约束机制相结合原则。

3. 存量配送、增量激励的原则，即在公司资产保值增值的前提下，只有净资产增长时，激励股份才可提取奖励基金。

第二章　股权激励方案的执行

第三条　执行与管理机构

设立股权考核与管理委员会作为公司股权激励方案的执行与管理机构，对董事会负责，向董事会及股东大会汇报工作。

第四条　激励对象

由公司提名与薪酬委员会根据以下标准，在可选范围内确定具体人员名单，报经董事会批准。

一、确定标准

1. 在公司的历史发展中有突出贡献的人员。

2. 公司未来发展急需的人员。

3. 年度工作表现突出的人员。

4. 公司认为其他必要的标准。

二、激励对象

1. 董事。

2. 高级管理人员。

3. 公司核心技术（业务）人员。

4. 公司认为应当激励的其他员工。

三、出现以下情形者不得成为激励对象

1. 控股股东或持有5%以上股份的股东及担任董事、高级管理人员职务的其他关联股东，不属于激励对象范围；公司上市以后，持有激励股权或期权的员工不得担任独立董事和公司监事。

2. 最近______年内被证券交易所公开谴责或宣布为不适当人选。

3. 最近______年内因重大违法违规行为被中国证监会予以行政处罚。

4. 具有《中华人民共和国公司法》规定的不得担任公司董事、监事、高级管理人员的情形。

第五条 激励形式

一、股票期权

1. 股票期权是指上市公司授予激励对象在未来一定期限内以预先确定的价格和条件购买本公司一定数量股份的权利。

获授股票期权后，激励对象可以在规定的期间内以预先确定的价格和条件购买上市公司一定数量的股份，也可以放弃该种权利。

2. 行权限制。

股票期权授权日与获授股票期权首次可以行权日之间的间隔不得少于______年。

3. 定价。

上市公司在授予激励对象股票期权时，应当确定行权价格或制定行权价格的确定方法。行权价格不应低于下列价格较高者：

（1）股权激励计划草案摘要公布前________个交易日的公司标的股票收

盘价；

（2）股权激励计划草案摘要公布前______个交易日内的公司标的股票平均收盘价。

4. 授予股权期权的限制。

上市公司在下列期间内不得向激励对象授予股票期权：

（1）定期报告公布前______日；

（2）重大交易或重大事项决定过程中至该事项公告后______个交易日；

（3）其他可能影响股价的重大事件发生之日起至公告后______个交易日。

二、限制性股票

1. 限制性股票是指上市公司按照预先确定的条件授予激励对象一定数量的本公司股票。激励对象只有在工作年限或业绩目标符合股权激励计划规定条件时，才可出售限制性股票并从中获益。

2. 定价。

如果标的股票的来源是存量，即从二级市场购入股票，则按照《中华人民共和国公司法》关于回购股票的相关规定执行；如果标的股票的来源是增量，即通过定向增发方式取得股票，其实质属于定向发行，则参照现行《上市公司证券发行管理办法》中有关定向增发的定价原则和锁定期要求确定价格和锁定期，同时考虑股权计划激励的激励效应。

（1）发行价格不低于定价基准日前______个交易日公司股票均价的______%；

（2）自股票授予日起______个月内不得转让，若激励对象为控股股东、实际控制人的，自股票授予日起______个月内不得转让。

若低于上述标准，则需由公司在股权激励草案中充分分析和披露其对股东权益的摊薄影响，提交董事会讨论决定。

3. 授予股票限制。

上市公司以股票市价为基准确定限制性股票授予价格，在下列期间内不得向激励对象授予股票：

（1）定期报告公布前______日；

（2）重大交易或重大事项决定过程中至该事项公告后______个交易日；

（3）其他可能影响股价的重大事件发生之日起至公告后______个交易日。

三、股票增值权

股票增值权是指公司授予激励对象的一种权利，激励对象可以在规定时间内获得规定数量及一定比例的股票股价上升带来的收益，但不拥有这些股票的所有权、表决权、配股权，用于股票增资者不参与公司分红。

四、经营者持股

经营者持股是指对管理层持有一定数量的本公司股票进行一定期限的锁定。激励对象拥有公司股票后，成为自身经营企业的股东，与企业共担风险，共享收益，拥有相应的表决权和分配权，并承担公司亏损和股票降价的风险。

五、员工持股计划

员工持股计划是指由公司内部员工个人出资认购本公司部分股权，并委托公司进行集中管理的产权组织形式。

六、管理层收购

管理层收购是指公司的管理者或经理层（个人或集体）利用借贷所融资本购买本公司的股份（或股权），从而改变公司所有者结构、控制权结构和资产结构，实现持股经营。将激励主体与客体合二为一，从而实现了被激励者与企业利益、股东利益完整的统一。

七、虚拟股权

虚拟股权是指公司授予激励对象一种虚拟的股票，激励对象可以依据被授予“虚拟股票”的数量参与公司的分红并享受股价升值收益，但不享有所有权、表决权，不能转让和出售，在离开企业时自动失效。

八、业绩股票

业绩股票是指若激励对象能够完成公司事先规定的业绩指标，由公司授予其一定数量的股票，或提取一定的奖励基金购买公司股票。

九、延期支付

延期支付也称延期支付计划，是指公司将部分年度奖金、股权激励收入按当日公司股票市场价格折算成股票数量，存入公司为管理层人员单独设立的延期支付账户。在一定期限后，再以公司股票方式进行支付，或根据期满时股票市值以现金方式支付给激励对象。

十、账面价值增值权

具体分为购买型和虚拟型两种。购买型是指激励对象在期初按每股净资产值实际购买一定数量的公司股份，在期末再按当时每股净资产值回售公司。虚拟型是一种模拟认购权方式，激励对象在期初不需支出资金，公司授予激励对象一定数量的名义股份，在期末根据公司每股净资产的增量和名义股份的数量来计算激励对象的收益，并据此向激励对象支付现金。

第六条　激励股权数量、来源及方式

本部分数量由公司董事会拟定，如可由公司大股东划拨或董事会决定的其他途径（定向增发等）来选取股权进行股权激励。

第七条　奖励基金提取指标确定

本方案奖励资金的提取以净资产增值率为指标，在净资产增值额中提取奖励资金，净资产增值率计算公式为：

净资产增值率=（期末净资产−期初净资产）/期初净资产×100%

以上公式中所有数据以经过审计的财务报表为准。

第八条　激励基金按照超额累进提取

1. 奖励基金提取的底线标准暂定为______，即当年的净资产增值率在______%或______%以下时，滚入下年度分配。

2. 在此基础上，净资产增值率在______%以上的增值部分，按______%提取。

3. 净资产增值率在______%以上的增值部分提取额不足______元的，当年提取但不奖励，滚入下年度分配。

第九条　奖励基金转换为奖励股份指标

奖励基金转换为奖励股份的指标为经审计的期末每股净资产。

第十条　将奖励基金全部转换为股份，形成奖励股份总额。奖励股份总额=奖励基金总额/期末每股净资产。

第十一条　激励条件

一、对于一般的上市公司，存在下列情形之一的，不得实行股权激励计划

1. 最近一个会计年度财务会计报告被注册会计师出具否定意见或者无法表示意见的审计报告。

2. 最近______年内因重大违法违规行为被中国证监会予以行政处罚。

3. 经认定的其他情形。

二、对于激励对象，存在以下任一情形，不得适用股权激励计划

1. 近______年内被证券交易所公开谴责或宣布为不适当人选。

2. 最近______年内因重大违法违规行为被中国证监会予以行政处罚。

3. 具有《中华人民共和国公司法》规定的不得担任公司董事、监事、高级管理人员的情形。

4. 公司董事会认定的其他严重违反公司有关规定的情形。

第十二条　授予时间

1. 上市公司发生《上市公司信息披露管理办法》第三十条规定的重大事件，应当履行信息披露义务。在履行信息披露义务期间及履行信息披露义务完毕后______日内，不得推出股权激励计划草案。

2. 上市公司提出增发新股、资产注入、发行可转债等重大事项动议至上述事项实施完毕后______日内，上市公司不得提出股权激励计划草案。增发新股、发行可转债实施完毕指所募集资金已经到位；资产注入实施完毕指相关产权过户手续已办理完毕。

3．公司披露股权激励计划草案至股权激励计划经股东大会审议通过后______日内，上市公司不得进行增发新股、资产注入、发行可转债等重大事项。

4．上市公司董事会审议通过撤销实施股权激励计划决议或股东大会审议未通过股权激励计划的，自决议公告之日起______个月内，上市公司董事会不得再次审议和披露股权激励计划草案。

第十三条　股权激励退出机制

激励对象在获得公司股份后，根据公司的服务年限来确定是由公司有偿回购，还是无偿收回，或上市后卖出。

1．若激励对象因主动离职或被解聘离开公司，可以继续持有公司股份，亦可选择不继续持有公司股份；因犯非严重错误而被解雇离开公司的，必须按本方案规定，由公司回购股份；因重大错误导致企业严重受损、严重渎职、触犯国家刑法等，必须辞退并按本方案规定由公司收回股份。

2．如果激励对象离开公司，按本方案规定可继续持有已行权的激励股份的，按与公司有关协议及本方案规定执行；未行权的部分自动失效。

3．公司上市后已行权的激励股份转成可流通的股票。

第十四条　回购价格

回购价格以上一年度经审计的每股账面净资产为准。

第三章　附则

第十五条　股权激励方案终止情况

在股权激励方案实施过程中，经营环境及外部条件发生重大变化时，可由薪酬与考核会议提出变更激励约束条件甚至终止该方案，并报股东大会批准。

可能的情况变化如下：

1．市场环境发生不可预测的重大变化，严重影响公司经营。

2．因不可抗力对公司经营活动产生重大影响。

3．国家政策重大变化影响股权激励方案实施的基础。

4. 其他董事会认为的重大变化。

第十六条 本方案责任方

本方案由公司负责拟订、修改和解释，由公司董事会、股东大会审议通过后实施。

第十七条 本方案实施方

本方案由公司负责解释、组织实施。

____________________公司

______年______月______日